Muitas Vidas
um Amor

Pelo espírito

Amadeu

Muitas Vidas
um Amor

Psicografia de

Renato Modesto

LÚMEN EDITORIAL

Muitas Vidas, um Amor
pelo espírito *Amadeu*
psicografia de *Renato Modesto*

3ª edição - agosto de 2007

Direção editorial: *Celso Maiellari*
Preparação de originais: *Alessandra Miranda de Sá*
Revisão: *Rita Sorrocha*
Capa e Projeto Gráfico: *Ronaldo Barsotti/ Zeta Design*
Impressão e acabamento: OrgraficGráfica e Editora

Dados internacionais de Catalogação na Publicação (CIP)
(Câmara Brasileira do Livro, SP, Brasil)

Amadeu (Espírito)
"Muitas vidas, um amor" / Amadeu ; psicografia de Renato Modesto, — 1. ed. — São Paulo : Lúmen, 2005

ISBN 85-86474-78-9

1. Espiritismo 2. Psicografia 3. Romance brasileiro
I. Modesto, Renato. II. Título

05-5333 CDD-133.93

Índice para catálogo sistemático
1. Romance espírita mediúnico : Espiritismo 133.93

LÚMEN EDITORIAL

Rua Espírita, 64
São Paulo - SP
CEP 01527-040
Tel/Fax (0xx11) 3207-1353

visite nosso site: www.lumeneditorial.com.br
fale com a Lúmen: atendimento@lumeneditorial.com.br
departamento de vendas: comercial@lumeneditorial.com.br
contato editorial: editorial@lumeneditorial.com.br

2007

Impresso no Brasil - *Printed in Brazil*

SUMÁRIO

capítulo 1

REVOLUÇÃO

Naquele dia inesquecível, 14 de julho de 1789, eclodiu a Revolução francesa. Os revoltosos, inconformados com a excessiva pompa da corte, em contraste com a miséria do povo, invadiram a Bastilha e libertaram os prisioneiros. Os ideais de Liberdade, Igualdade e Fraternidade tomaram conta das ruas de Paris.

Mas não foi só de glórias esse dia grandioso. Foi também de sofrimento, injustiça e morte. Aproveitando-se do clima de guerra instalado na cidade, homens de má índole e pouca fé passaram a matar, roubar e estuprar. Os pobres enfrentaram a selva em plena Cidade das Luzes, sentindo na carne a barbárie.

Entre os feridos, Jean Valloise era um dos mais prejudicados. Ferreiro de profissão, tentou defender-se dos saqueadores de sua casa munido de uma foice, porém em vão. Eram muitos os assaltantes que, em pouco tempo, o dominaram. Um deles, homem forte, de cinzenta barba cerrada, acertou-lhe o crânio com uma pedra, deixando-o desacordado.

Em seu delírio, Jean ainda pensou na esposa, Marianne, desprotegida no andar de cima, entre suas costuras e rendas. Grávida e frágil, ela não pôde opor resistência aos invasores. Raptada por

Terence, o mais violento entre os bandidos, foi arrastada até a *Place Vendome*, onde foi atirada a um coche e levada para longe, em direção ao interior do país.

A noite ia alta quando Jean despertou. Sua casa e sua oficina estavam sendo consumidas pelas chamas, e foi se esgueirando entre labaredas que ele conseguiu alcançar a rua. A dor que sentia então era indescritível. Tudo o que construíra durante anos estava sendo destruído. Contudo, isso não era o que mais o agoniava. A mulher, seu terno e querido amor, grávida de um filho tão esperado — que viria após anos de casamento e tentativas frustradas —, tinha sido arrebatada por um desconhecido, um homem de quem só se lembrava da voz áspera e grave, uma sombra do mal que se abatera sobre sua vida.

Pobre e sem amigos que o pudessem auxiliar, Jean partiu pela cidade a esmo, perdido, magoado, impressionado com a injustiça que Deus fizera desabar sobre sua cabeça.

A paisagem era de desolação total. Incêndios esparsos coloriam o horizonte. Construções e estátuas, monumentos e igrejas haviam sido violados, alguns totalmente demolidos pela fúria dos tormentosos revolucionários.

A Guarda Real era o alvo preferido dos novos líderes da cidade e muitos nobres e cortesãos aguardavam em filas pela forca ou pela decapitação a fio de machado.

Quanto sangue derramado naquele dia fatídico!

Jean era, porém, o mais desgraçado entre todos os homens da França. Por ele, não haveria nenhum mal em trocar de lugar com os condenados.

Guerras e revoluções são necessárias em certos momentos da vida sobre a Terra. Mas o sofrimento é grande; o preço, alto demais. Quantos homens morreram, quantas crianças perderam seus pais... Havia, sim, o ideal, a bandeira de liberdade a guiar a sanguinolenta mão da revolta. No entanto os objetivos não justificam nunca os meios. Não há perdão nem explicação para a fúria sangrenta daquele que, antes aprisionado, criticava o opressor.

Jean era um homem honesto, temente a Deus, um verdadeiro cristão. Tinha pouco, é verdade; era daqueles que batalhavam dia a dia por seu pedaço de pão. Mas, interiormente, sentia-se rico porque possuía o que considerava o bem mais precioso da Terra: Marianne, seu grande amor.

Agora ele estava perdido e só. Não sabia como poderia suportar a dor da separação. Em seu peito, restava uma única luz a mantê-lo vivo: a esperança de encontrar o homem de voz rouca, o maldito ladrão que lhe arrancara, de um só golpe, a mulher adorada e o filho, ainda no ventre, à espera da luz. Luz que talvez não chegasse a ver, caso Marianne não suportasse as privações, quiçá a violência do malvado agressor.

Que ódio Jean Valloise sentia.

Mas foi o ódio que lhe deu alento para seguir andando, sem parada e sem rumo, as lágrimas a lhe escorrerem do rosto ao peito, um lamento opresso em seu coração.

A manhã chegou com beleza inesperada sobre a desolação, a fumaça dos canhões e dos incêndios. Quantos doentes, mutilados e desamparados perambulavam pelas ruas de Paris atrás de um prato de comida. A nova ordem encontrava-se longe de estar estabelecida. A Monarquia desabava, mas girondinos e jacobinos, representantes da alta e da baixa burguesia, não concordavam com a forma de lhe ocupar o lugar e digladiavam entre si.

O tempo haveria de chamar heróis àqueles que, no momento, não passavam de homens, agentes humildes e simples das forças da vida e da História, perdidos ainda com a nova conjuntura, tal qual escravo que não sabe o que fazer ao conhecer a tão sonhada liberdade.

Era um momento de caos, externo e interno. O mundo estava de pernas para o ar e o coração de Jean Valloise, aos pedaços.

capítulo 2

ADEUS, PARIS

Valloise seguiu até os limites da cidade saqueada. Seus olhos, ensombrecidos pela dor, divisavam o horizonte sem fim, e não lhe restava senão seguir adiante.

Por uma estrada de terra, margeada por sobranceiros pinheiros, ele foi caminhando tal qual um morto-vivo. Respirava, é certo, mas sua alma estava inerte.

Quando uma chuva fina principiou a cair, nem mesmo notou a violência do frio que lhe envolvia a carne. O vento cortante assaltava seu corpo, porém, insensível que estava, não podia querer outra atividade que não andar. Não lhe passava pela cabeça procurar um abrigo. A morte era-lhe, agora, indiferente e, mesmo quando a geada começou a desabar das nuvens negras, suas faculdades não lhe retornaram à mente.

Teria morrido na estrada deserta o pobre Jean Valloise se a Providência dos céus, sempre atenta às necessidades dos desafortunados, não movesse as pétalas do destino em uma nova direção. Tal qual girassol em busca do astro-rei, o pobre andarilho alterou seu rumo, guiado pela mão segura do Altíssimo.

Adiante, na estrada deserta, um grande rebuliço acontecia. Uma manada de cabras era reconduzida do pasto ao estábulo por um friorento camponês. Alertado pelo barulho e incapaz de dirigir palavra a quem quer que fosse, Jean tomou um atalho. Meteu-se floresta adentro, entre árvores gigantescas e arbustos.

Foi bem a tempo que o fez porque, mal sumiu entre a vegetação, o pobre camponês foi atacado por um bando de assaltantes famintos, interessados em arrebatar-lhe o rebanho. Tivesse Jean seguido em frente e a fúria dos ladrões encontraria espaço para lhe ceifar a vida sem piedade, pois nada tinha a oferecer em troca de seu bem-estar.

Talvez, se soubesse das armações do destino, tivesse escolhido o caminho reto e a morte, trégua de todo sofrimento. Mas fora impelido a outra direção, na floresta escura e desolada, onde tudo era dor. Espinhos arrancavam partes de suas vestes humildes e o chão ficava lamacento com a chuva, tornando cada vez mais árduo o caminhar.

Jean seguia, inconsciente. A esperança de encontrar Marianne era a única força motriz para seus membros. Se não fosse por tal sonho, já nem caminharia. Deixar-se-ia ficar ali, no meio da mata, sob a fria geada, até desfalecer.

Quando a noite ia alta, o ruído de um animal selvagem fez Jean lembrar que, se perecesse, jamais teria a chance de salvar a mulher e o filho, seus únicos e valiosos bens sobre este mundo. Então lhe veio a idéia de encontrar abrigo. E, no oco de uma árvore já morta, adormeceu.

Pouco durou seu descanso, entretanto. Os sons do animal selvagem continuavam cortando a solidão da madrugada. Dir-se-ia tratar-se de um animal ferido, pois seus urros eram sentidos e profundos, urros de pavor e de morte.

Incomodado com a fúria dos gemidos da fera, Jean saiu de seu precário esconderijo. Caminhou alguns metros até encontrar uma clareira. Lá, pôde compreender a razão dos bramidos: um imenso urso negro estava deitado, com a pata presa a uma armadilha de ferro, o sangue escuro a escorrer sobre a relva.

Assustado, mas com pena, Jean se aproximou apenas o suficiente para enxergar melhor a cena, em meio ao negrume da noite.

Quando estava perto, a fera o pressentiu, com seu poderoso olfato, e virou para ele os olhos injetados de sofrimento. Assim que os olhos da fera e do homem se encontraram, uma mágica união aconteceu. Jean viu na dor do bicho a sua própria; tinha o peito tão dilacerado quanto a pata engastalhada nos dentes de ferro. E Deus, que a todos comanda, assoprou em seus ouvidos o chamado da compaixão.

Jean Valloise era um homem simples, até mesmo bruto, acostumado ao trabalho duro com as ferragens de sua oficina, sempre próximo à fuligem e ao calor. Porém não pôde deixar de sentir medo. Aquele urso era uma fera irracional, poderia decepar-lhe um braço com uma dentada, usurpar-lhe a vida em um único safanão.

Apesar do receio, a piedade que sentia não permitiu que ficasse inerte. Procurou, nas proximidades, um pedaço de madeira longo e rígido e, usando seus braços fortes de trabalhador, fez uma alavanca que destravou a armadilha.

O urso imenso se afastou de imediato, mancando e gemendo.

Dez passos de distância separavam homem e animal. Jean agora tremia, não de frio, mas apavorado diante da possibilidade de perecer nas entranhas do monstro.

O urso olhou fixamente para seu salvador. Poder-se-ia dizer que uma lágrima iluminara um de seus pequenos olhos brilhantes. Mas talvez tenha sido o reflexo da lua que, enfim, voltava a brilhar lá no céu, passadas as nuvens escuras da tempestade.

Um instante que durou a eternidade... e o urso partiu.

Jean sentou-se ali mesmo, na terra molhada, exausto, mas satisfeito por ter agido daquela forma. Salvar aquela vida dera-lhe um novo alento para que buscasse salvar a sua própria. Dependia disso para resgatar Marianne.

A noite acabou com a anunciação animada dos pássaros e Jean continuava ali, hesitante, inseguro do caminho a tomar. Uma coisa era certa: encontraria o homem da barba cinzenta onde quer que estivesse: na França, em outro país, na lua, no fundo do mar... Era o novo objetivo de sua vida. E, por ele, não se cansaria de lutar.

capítulo 3

HELENE DUCHAMP

A algazarra dos pássaros continuava estridente e o sol já ia alto no céu. Jean, ainda amortecido pela noite tenebrosa que atravessara, buscava reencontrar, em meio às árvores, o caminho de volta à estrada. Mas não havia meio de achá-lo. Quanto mais seguia, mais denso se tornava o bosque. Valloise estava perdido, com uma angústia implacável a corroer-lhe a alma.

Um grande castor atravessou o caminho, assustando o pobre ferreiro. Certo de que se tratava do ataque de algum bicho feroz, correu para o lado de uma grande touceira. Os espinhos da planta magoaram-lhe os braços e, soltando uma praga, tentou retomar o caminho pregresso.

Ao fazer a volta, sentiu a terra faltar-lhe sob os pés. Havia ali um poço oculto pelo mato alto, uma cova de pedra, armadilha feita pelo tempo e pela mão inocente da natureza. Foi feio o tombo e custou-lhe essa queda um braço quebrado e uma costela partida.

A dor aguda venceu a consciência e ele desmaiou.

Desacordado na floresta, permaneceu por horas a fio, imóvel, sujeito ao assédio dos insetos e dos pequenos animais que habitavam a cova em que despencara. Talvez aquela fosse a última guarida para o seu corpo cansado, e a morte enfim encontrasse abrigo em seu peito arfante, tão macerado pelo sofrimento.

No entanto, Jean não morreu naquele dia. Ainda não era chegada a sua hora.

Ao acordar, Valloise viu um candelabro de três velas, um pote de cerâmica e uma cesta de vime sobre um móvel rústico. Buscou descobrir onde estava e logo viu que se tratava de uma casa humilde, com paredes de barro e teto de palha. A morada de um lenhador, ou talvez de um rude camponês.

Alguém lhe lavara os ferimentos e atara o braço quebrado com duas talas de madeira. Em seguida colocaram-no em um catre, protegido com uma alva coberta de linho.

Soerguendo levemente a cabeça, incapaz de gestos largos devido à dor, Jean conseguiu enxergar a boa alma que o auxiliara. Tratava-se de uma senhora de cabelos prateados, amarrados num coque. Lembrava de longe sua mãe, já falecida, e, como ela, trajava avental e saia negra, uniforme das empregadas dos ricos e das camponesas.

A mulher volveu a ele seus cristalinos olhos azuis.

— Até que enfim acordaste! Como te sentes? Melhor?

— Onde estou? — murmurou ele, ainda zonzo.

— Na casa de Helene Duchamp — respondeu a velha senhora. — Preparei-te um caldo de legumes. Ainda está quente.

— Agradeço pela ajuda. Como foi que a senhora conseguiu me carregar até aqui?

— Andrés ajudou-me. Somos amigos dos viajantes. Gostamos de auxiliar a quem precisa.

Entrou pela porta adentro um homem horrendo, portador de graves deformidades físicas. Tinha as costas arqueadas, formando uma corcova, e seu rosto, embora de expressão bondosa e ingênua, assustava pela franca deficiência mental.

— Andrés é meu filho — explicou Helene. — Sua doença tornou-o diferente dos outros homens. Mas, por dentro, é um anjo, um amigo querido de todas as horas.

Como a responder ao elogio materno, Andrés deu dois passos trôpegos e aninhou o crânio disforme no ombro da mãe adorada, que lhe fez um afago.

— Qual é o seu nome, rapaz? — perguntou Helene, com voz suave.

— Jean Valloise. Sou ferreiro de profissão.

— Acordaste depois de um longo tempo... — continuou a velha dama. — Tive medo de que não retornasses jamais à razão.

— Antes não tivesse acordado, pois o que agora vivo não pode ser melhor do que o inferno. Estou atrás do homem que levou minha esposa. Ele invadiu minha casa, minha oficina, acompanhado de um bando de saqueadores. Roubaram tudo o que eu tinha. E Marianne...

A voz embargada de Jean comoveu a velha Helene Duchamp. Em um segundo, ela compreendeu por que o jovem se perdera na mata, desesperado e sem rumo.

— Preciso partir o quanto antes, senhora. Agradeço o auxílio mas, a cada minuto, mais distante me sinto da minha esposa e do meu filho.

— Antes que partas, hás de beber o caldo que te preparei. Andrés também está faminto, como sempre, e te acompanhará.

A doce Helene colocou os pratos na mesa e, junto com o deformado Andrés, Jean Valloise fez a primeira refeição dos últimos dois dias.

A comida restaurou-lhe parte das forças, porém teve que ser auxiliado para retornar ao catre.

— Não sei como agir — disse, angustiado. — Não posso continuar minha busca com o corpo neste estado.

— Não te atormentes, meu rapaz. Deus não move uma folha de grama sem que exista para tanto um motivo. Se tu e tua esposa se apartaram, há de haver para tal sofrimento uma explicação, mesmo que ela esteja além do nosso entendimento. Se tu quiseres, rezaremos juntos pela saúde dela e do teu filho.

— Meu filho que ainda nem saiu do ventre... — murmurou Jean, compungido.

— Talvez seja então uma filha!

— Prefiro os meninos — disse o simples Valloise. — Quero que ele aprenda a profissão que eu segui e também se torne ferreiro. É tudo o que tenho para lhe ensinar.

— Esses homens... — resmungou Helene, divertida. — Preferem os meninos, mas, se nascem meninas, ficam doidos de encantamento e de amor. O que vale é que, menino ou menina, é teu sangue ali, renovado em outro ser.

Helene apanhou sobre a lareira um livro de capa negra e se ajoelhou junto ao catre. Andrés manquitolou até a mãe e imitou seus gestos, ajoelhando-se e fazendo o sinal da cruz.

— Eu sinto muito — disse Jean —, mas não sei rezar.

— Não importa, rapaz. As palavras contam pouco, o que vale é o sentimento. Até os mais brutos têm, em seu íntimo, a intuição imprecisa, mas inegável, do Criador. Se não conheces as orações, apenas escuta, acompanha as palavras em teu coração. A fé consola, alivia, é tudo que tens agora para te agarrares.

Conformando-se à sua situação, Jean cerrou os olhos e ouviu a prece humilde, mas sincera, de Helene. As frases sobre a Divindade e Sua perfeita justiça acabaram por lhe trazer um pouco de conforto e de paz.

Quando se encerrou a reza, Jean contou seu infortúnio em detalhes. Andrés ficou alheio a um canto, a brincar com um pequeno cavalo de pau que devia conservar desde a infância.

Helene ouviu a trama com atenção e, no final, franziu a testa, em expressão de dúvida.

— Esse homem, o tal da barba cinzenta... Por que levaria tua mulher?

— Eu não sei.

— É possível que ele já a conhecesse antes?

— Talvez. Então... A senhora acha que ele invadiu minha casa já decidido a realizar o rapto?

— É possível. Hoje em dia, a vida está dura como jamais esteve. Ninguém tem dinheiro e quem o tem está à mercê dos ladrões. Por que esse homem levaria uma mulher grávida? Sem dúvida, terá que alimentá-la, cuidar dela, mantê-la sob seu sustento e sua guarda... Não teria sentido levar Marianne apenas por maldade, para em seguida matá-la ou abandoná-la.

— A senhora crê, então, que ele... que os dois...

O ciúme invadiu o coração de Jean Valloise, em um turbilhão. Teria Marianne algum contato prévio com o raptor? Teriam eles se conhecido, quiçá combinado uma fuga? Seria Marianne capaz de trair tão traiçoeiramente o seu grande e devotado amor?

A velha Helene fez um carinho nos cabelos do pobre Jean.

— Não canses agora a tua cabeça. Precisas de repouso para pensar como melhor proceder. Dorme agora, caro Jean, e amanhã arquitetarás teus planos para o futuro.

— Nem sei por onde começar. Minha vida foi arrancada de meu comando. Perdi todos os meus bens, não tenho mais nada.

— Talvez não tenhas mais nada de concreto. Mas tens o que levas por dentro, tens o que realmente és. Conheço os homens,

Jean Valloise, e pressinto a bondade em teu coração. Haverás, um dia, de compreender o que ora se passa. Um dia, haverás de entender por que Deus, que a ninguém abandona, te colocou diante de tamanho sofrimento.

— Custa-me acreditar. Há quem diga que Ele nem mesmo existe.

— Não blasfemes, Valloise. Ele, que a tudo ouve, há de te trazer conforto. Agora descansa, meu filho. Dorme, dorme.

Jean queria lutar contra o cansaço, queria pensar, mas seu estado físico era ainda lastimável. Em pouco tempo, adormeceu.

capítulo 4

UM SONHO DE GLÓRIA

A luta que se travava em Paris prosseguia, em toda a sua fúria. A violência e as arbitrariedades eram grandiosas. Quantos inocentes encontraram a morte no cadafalso, naqueles dias de desespero e de dor!

Enquanto a revolta seguia seu rumo, a encantadora Marianne era conduzida ao seu novo lar pelo tenebroso Terence du Leplage. Há dois dias e duas noites viajavam de coche por estradas esburacadas e tortuosas, parando raramente para ligeiros descansos ou para comer.

Marcel, o cocheiro, fiel empregado de Terence, chicoteava os cavalos com vigor, temeroso de algum ataque ao longo das estradas desertas.

Dentro do carro, Marianne chorava.

— Por que choras ainda? — perguntou Terence. — Acaso não cumpri o que te prometera?

— Sim — soluçava a dama. — Mas a que preço? Meu querido Jean deve estar transtornado de tanta dor. E o ferimento que lhe fizeste? Não tínhamos combinado que ninguém o machucaria?

— Os homens que contratei não deram conta de segurar teu marido. Tive que derrubá-lo com aquela pedra, minha cara. Caso contrário, ele teria me acertado com a foice...

— Talvez tivesse sido melhor. Não sei onde estava com a cabeça quando concordei com teus planos.

— Estavas com a cabeça no lugar certo, meu bem: no dinheiro e no sucesso. Hei de realizar teu sonho mais precioso. Não foi o que te prometi?

— Quero voltar atrás, Terence. Não sei como pude concordar com tuas artimanhas e embarcar nesta loucura!

— Agora não há mais volta, minha criança. Haveremos de realizar o que foi traçado. És a mais bela entre todas as mulheres da França. E tens a voz mais perfeita e melodiosa que já ouvi. Tu terás o país inteiro e, em seguida, a própria Europa aos teus pés. Darás a teu filho todo o conforto e riqueza que jamais tiveste. Nasceste para a fama, minha boa Marianne, e não para uma vida sórdida junto àquele ferreiro.

— Eu o amo! Não ouses falar mal do meu Jean.

— Amas a este homem, mas não suportavas mais pensar no futuro de pobreza que ele reservava para ti e teu filho. Devias erguer as mãos para os céus para agradecer o dia em que fui colocado em teu caminho.

— Achas mesmo que os teatros se interessarão pelos meus dotes musicais?

— Não tenho a menor dúvida. Cantas como a mais popular das divas do Palais Royal, a grande Madame Villefort. E tens muito mais beleza. Ela já está na idade dos cabelos brancos, sem falar no excesso de gordura. Tu és uma flor mimosa e terna, com a voz de mil colibris. Serás a maior das estrelas da ópera francesa.

A alma de Marianne, ingênua e limitada, qual a de uma criança, iluminou-se diante daquele quadro de glória.

— E então — disse ela, com os pequenos olhos cinzentos a brilhar —, darei a meu filho uma vida de rei! E mandarei buscar meu marido para que viva conosco em um enorme castelo.

— Esquece Jean Valloise! Quantas vezes tenho que te dizer que és boa demais para aquele moleirão sem vintém? Mereces um homem melhor, mais rico, mais valoroso? Mereces o céu, Marianne, e Jean Valloise não passa de um camponês sem cultura, que jamais deixará de se arrastar pela terra. Formava contigo um casal ridículo: uma besta em companhia de um anjo, um jumento a acompanhar a mais bela das princesas.

Marianne enxugou as lágrimas, tocada pela força da bajulação.

— Falas de uma forma que me arrebata. Queria que Jean fosse assim, erudito e refinado como tu.

— Esquece o ferreiro, já disse — insistiu Terence, com a mórbida esperança de que o rival já estivesse bem morto devido ao incêndio que mandara atear à casa. — Sou teu futuro, Marianne. Prometo-te o Olimpo! Toma minha mão. Seremos felizes, minha querida, eu te prometo.

Um leve traço de culpa e responsabilidade atravessou aquele coração pueril e infiel:

— Mas e meu filho? Eu amo Jean... Ele é o pai! Haveremos de ganhar dinheiro para buscá-lo, como combinamos! Ou descerei agora mesmo deste coche.

O ardiloso empresário apoiou a mão sobre a perna da mocinha, cega pela ventura prometida e pela vaidade.

— Não penses nisso agora. Primeiro terás teu filho. Depois cuidaremos de tua carreira. Jean vem em último lugar.

Marianne sentia-se dividida. Sabia estar fazendo algo horrendo, mas não conseguia ceder ao chamado da consciência e voltar atrás.

Desde menina, Marianne sonhava com uma carreira nos palcos. E, de fato, cantava como poucas, dona de uma voz privilegiada.

Certo dia, prendia roupas no varal e cantarolava uma ária de *Rameau*, seu compositor preferido. Terence caminhava por ali e a ouviu. Foi atraído pela voz maviosa e afinada, profundo conhecedor que era do canto lírico.

Ao ver Marianne, foi tomado de grande excitação. Achou-a perfeita, linda, uma boneca de louça, com uma voz de anjo. Decidiu que seria seu empresário e que a tornaria uma dama, a qualquer preço.

Pôs-se, desde esse dia, a assediá-la em segredo, avivar-lhe os sonhos de glória, incentivar-lhe o egoísmo e a cobiça. Até que, enfim, pressentindo a explosão da revolta popular que assolaria Paris, combinou com sua protegida a fuga que tanto ansiava.

Ele era um homem sem escrúpulos, materialista ao extremo, pronto a passar por cima de quem fosse para conseguir realizar seus planos. Era casado com Adelaide, uma cantora de dotes bem mais modestos que os de Marianne. E tinha, com ela, três filhos. Mas pouco se importou de abandonar a família para encetar os planos de construção da carreira de sua musa. Por esse objetivo, deixou esposa e filhos para trás, como quem se livra de um fardo.

A carruagem seguia em direção a Arles, onde Terence pretendia recomeçar a vida ao lado da nova protegida. Um amigo, diretor do teatro local, prometera avaliar os dotes da jovem cantora, e ele apostava todas as suas fichas nessa tresloucada armação.

No invisível reino da espiritualidade, que a tudo permeia, havia a forte influência de um mau espírito a acompanhar Marianne. Ela mesma permitira que tal manipulação atroz se estabelecesse, com seu fraco caráter. Agora estava cega e não conseguia mais agir por conta própria.

Este espírito que obsediava a tola rapariga era um ser tão terrível quanto ou até mesmo pior que Terence. Tratava-se do falecido irmão de Marianne, um espírito sofredor, incansável em seus maus propósitos, rancoroso e covarde.

Ele detestava Jean, enquanto era vivo, e carregara seu ódio para além da morte. Sentia-se diminuído diante das nobres qualidades do cunhado, tão superiores às suas tacanhas e mesquinhas características. Por isso, tinha prazer em ver Marianne afastada, enfim, de seu desafeto.

Horace era seu nome e, protegido pela invisibilidade, permanecia ao lado da irmã e do empresário. Formava com eles um trio de causar medo e piedade. Eram três almas perdidas: ambiciosas, ardilosas e sós.

capítulo 5

NOVO LAR

Apenas uma coisa é estável no coração dos ambiciosos: a gana por novas conquistas, sejam elas amorosas ou materiais.

Terence du Leplage queria mais do que uma pupila ou do que uma artista a agenciar. Ele queria a ingênua Marianne para si, e alimentava os sonhos mais libidinosos, os desejos mais impuros a respeito da garota.

Marianne percebia o assédio do charmoso senhor de meia-idade, mas julgava-se esperta o suficiente para driblar suas investidas. Seu plano era bem definido: usaria o apoio do empresário para ascender. E, quando estivesse em cima, no topo, descartaria a escada que usara para galgar até lá.

Marianne julgava-se uma escolhida, uma artista de raro talento, e jamais admitira ter nascido em seio humilde, entre um povo rude, de precários recursos. Ela se sentia predestinada ao estrelato, e sonhava ser como as heroínas dos folhetins que, às vezes, lia. Em seu delírio de moça, julgava que seria capaz de usar Terence du Leplage, enriquecer com uma carreira vitoriosa nos palcos e, enfim, alçar lá debaixo, da ralé, o seu amado Jean.

Quanta presunção e ingenuidade...

Leplage era um homem de aparência polida, gestos delicados, fala rouca e envolvente, com graciosa barba cinzenta que mais parecia modelada a cinzel. No entanto, por dentro, aquele amante do bel-canto era um monstro de horripilantes feições, pronto a todo tipo de injustiças e até mesmo das mais baixas brutalidades para impor seus desejos impetuosos.

Marianne caminhava para um destino ainda mais cruel do que o cadafalso. Porém, em sua fantasia de menina, nem atinava com o tamanho do problema que atraíra para si.

Terence nascera de família abastada, sempre fora protegido e mimado, jamais deixara de ter o que desejasse. Era um homem cego pelos encantos da vida mundana. Seu pensamento estagnava-se no aqui e no agora. Descrente de uma vida futura, após a morte, incapaz de crer no Criador de todos os seres, Terence fizera do niilismo a sua escola de vida, pautando por ela a sua conduta. Ele julgava que a vida era uma só, sua única chance de crescer, conquistar, arrebatar e vencer. Como não acreditava no porvir além do túmulo, na vida eterna do espírito, queria tudo aproveitar, tudo ganhar... E a sua torpe ambição tinha agora um nome: Marianne.

Quando chegaram a um pequeno vilarejo, próximo a Arles, ele abriu a porta de uma acolhedora mansão que previamente comprara, por procuração.

Era um local confortável, com paredes de pedra e móveis no estilo Luís XV, bem à moda da época.

Marianne encantou-se com o conforto da casa. Jamais imaginara morar em local tão refinado.

Ela não pôde conter um suspiro de felicidade quando Marcel, o cocheiro, entrou trazendo dois faisões abatidos para o jantar, além do mais caro vinho tinto da região. Sentiu-se uma verdadeira duquesa. E Terence não deixou de notar aquele ar de exaltação.

— Vejo que já estás mais feliz. Onde estão as lágrimas de preocupação que há pouco derramavas?

— Continuo apavorada com o que fiz — disse a dama. — Mas estou feliz por ver que cumpriste a primeira parte de tua promessa. Sempre sonhei morar num local assim.

— Terás isto e muito mais, minha bela criança. Tudo o que desejares, eu farei. Ordena e Terence tornará realidade.

Marianne riu do ar pomposo de seu protetor. Seria fácil levá-lo na conversa. Era mulher, e as mulheres sabem como dominar um homem, com seu charme e graça.

Pelo menos, era assim que ela pensava.

No andar de cima, o espírito Horace se esgueirava pelos cômodos com um sorriso satisfeito. Ele também jamais morara num recanto igual. Considerava-se um homem de gênio e a pobreza sempre o fustigara como uma chaga. Agora teria o que nunca tivera enquanto vivo: cama quente, comida boa, bebida farta, charutos caros... Era uma alma desencarnada, imaterial, porém convicta de que gozaria ainda as delícias do mundo físico.

De fato, teria acesso a elas através dos corpos da irmã e de Terence: beberia champanhe, fumaria tabacos exóticos, sairia para deleitar-se com os shows de *vaudeville*, visitaria as tabernas da moda, bastando para isso acompanhar seus dois amigos encarnados, companheiros de prazer terreno e de luxúria.

À mesa do jantar, Marcel colocou louças inglesas sobre uma toalha de renda das mais finas.

A jovem Marianne afagava o ventre protuberante, acarinhando o filho, certa de que seu esforço seria recompensado, querendo crer de verdade, do fundo da alma, que o que fazia era para o bem. Para o bem até mesmo de Jean que, hipócrita, inconsciente e cegamente, insistia em considerar ainda seu amor.

capítulo 6

A VIDRAÇA QUEBRADA

Na casa humilde de Helene Duchamp, Jean Valloise ainda dormia. Seu corpo estava mais forte, mas sua mente... Que profusão de pensamentos terríveis, que triste e angustiosa confusão.

As palavras de Helene tinham calado fundo no peito de Valloise. Teria Marianne fugido propositadamente com o invasor? Teria sua querida esposa um caso secreto há tempos, por trás das cortinas, às suas costas? Quanta dor e mágoa ele sentia, o pobre ferreiro, só de pensar em tal possibilidade. Homem de sentimentos nobres e puros, traição era palavra que não constava de seu dicionário.

Ele estava muito mais ferido na alma do que na carne, mas ainda insistia em duvidar, em acreditar na pureza da moça que, afinal, carregava seu filho, sonho precioso de toda sua juventude, no ventre.

Quando abriu os olhos após o difícil repouso, conturbado por sonhos aflitivos, Jean viu uma cena que o deixou intrigado. Helene estava parada junto ao catre, olhos fechados, em profunda concentração. Tinha os braços suspensos sobre sua cabeça, como se pudesse, de alguma forma, curá-lo com a simples imposição das mãos sobre seu corpo doente.

Jean mexeu-se na cama e sentiu-se surpreendentemente mais disposto. Para sua surpresa, a dor da costela partida havia passado.

A porta se abriu e o aleijado Andrés entrou, carregando um pato selvagem que tinha caçado para o jantar. A entrada do filho amado quebrou a concentração de Helene, que abriu os ternos olhos azuis.

— Que estás fazendo, senhora? — perguntou Jean, interessado. — Por que colocas as mãos assim, sobre meu rosto?

Helene sorriu, como se a explicação fosse evidente.

— Estou rezando, desejando que te cures depressa. Das minhas mãos emanam as energias que trago no coração. Com o pensamento em Jesus e no sentimento de amor maior do Pai de todos os seres, peço por tua cura.

— É estranho, porque realmente me sinto melhor.

— Não me espanta! — riu Helene. — A muitos já tratei assim: com ervas e curativos... Mas, principalmente, com a força que emana das minhas mãos.

Nem bem acabou de falar a bondosa senhora e uma das vidraças da casa foi quebrada por uma pedra. O seixo acertou a parede de barro e caiu junto ao cavalinho de madeira de Andrés.

Assustada, Helene foi até a janela, tentando ver quem fizera o estrago.

— De novo... — murmurou a velha, compungida. — Não sei onde vai parar esse triste jogo de intimidação...

Andrés estava assustado, olhando a pedra e a vidraça partida. Parecia que iria explodir em choro a qualquer momento, mas Helene o abraçou e consolou.

— Calma, meu amor. Não foi nada. Foi só uma brincadeira de mau gosto.

— Sabes quem foi que fez isso? — perguntou Valloise.

— Não posso dizer com certeza. Alguns vizinhos não entendem o que acontece nesta casa.

— Por quê? O que fazes aqui que possa ofender os outros moradores da região?

— À noite, verás. Creio que já estás forte o suficiente. É algo que só tem como ensejo o bem e que não pretende ofender a quem quer que seja. No entanto, há tanto rancor neste mundo, caro Jean, tantas idéias preconcebidas... Até outro dia, queimavam mulheres nas fogueiras da Inquisição, sob qualquer pretexto. Creio que teria sido meu destino se os vizinhos tivessem descoberto antes o tipo de reunião que aqui promovo.

— Não consigo compreender. Pensam, então, que és uma bruxa?

— Sim, de certa forma. Eles crêem que não sou uma boa cristã e que não sigo os preceitos dos padres da Igreja. Têm raiva das curas que realizo e dizem que influencio de forma negativa as crianças e os jovens deste lugar. Sou incompreendida, Jean Valloise. Mas não posso negar o que sinto, o que vejo, o que ouço.

— Mas o que vês? O que ouves que os outros não podem captar?

— Eu vejo o invisível, Valloise, e os seres que nele habitam. Desde menina, tenho o dom de com eles me comunicar.

— Falas de quê? — perguntou Jean, assustado. — De fantasmas?

— Se é assim que preferes chamá-los... Eu prefiro nomeá-los espíritos. São seres como tu e eu, caro Jean, que já passaram pelos percalços terrenos que ora passamos e que têm muito para nos ensinar.

Jean calou-se, por respeito, mas estava incrédulo. Não podia atinar com o sentido daquelas palavras.

Até a noite chegar, permaneceu curioso. De que tipo de comunicação falava Helene Duchamp? De que maneira seria possível aos mortos entrarem em contato conosco?

capítulo 7

A REUNIÃO

A noite chegou e alguns lampiões foram acesos, trazendo ao casebre de Helene Duchamp uma atmosfera acolhedora.

A doce senhora serviu uma ceia, rápida e frugal. Depois, retirou os pratos e colocou sobre a mesa uma rústica toalha de algodão cru, uma bilha de água e vários copos. Andrés auxiliou a mãe, trazendo as cadeiras que estavam nos quartos para a saleta. Ficou claro para Jean que esperavam visitas.

Que curiosidade sentia ele, depois da conversa que tivera à tarde com Helene. O que estaria para presenciar? Seria uma reunião de blasfemadores, contrários aos dogmas da Santa Madre Igreja? Um daqueles encontros pagãos, sobre os quais o povo tanto comentava, que reuniam as feiticeiras com os seres demoníacos das florestas e dos reinos infernais? Seria uma celebração secreta do pai da mentira, o temível Belzebu, que os afrescos das igrejas retratavam com pele vermelha, cornos espiralados, cauda pontuda e pés de cabra?

Nada disso combinava com a índole acolhedora e doce de Helene Duchamp e de seu filho, homem com cabeça de criança e coração de pombo, sempre tão carinhoso e prestimoso.

As respostas não demoraram a chegar. Algumas batidas suaves à porta anunciaram os primeiros convidados para a reunião e, em breve, o casebre estava cheio de gente.

Eram pessoas humildes, trabalhadores rústicos da região: um casal de velhos, acompanhado do filho, da nora e do neto, garoto de pouco mais de dez anos; uma costureira de meia-idade com seu marido marceneiro; dois lenhadores; e uma jovem pastora de cabelos vermelhos que Jean consideraria atraente... Consideraria se ele fosse quem era há cinco ou seis anos, antes de conhecer Marianne, a querida esposa que ele queria tanto reencontrar... Seus olhos adorados, da cor do céu cinzento, brilhavam na mente do pobre Valloise, assim como os cabelos negros e sedosos, as mãos de fada, os encantos de moça, a maviosa voz... O coração do jovem ferreiro estava tomado de saudade e ele acreditava que nunca, jamais, por mais bela que fosse outra mulher, haveria de se deixar dominar por seus encantos.

A velha Helene conversou carinhosamente com todos, apresentou Valloise como um novo e querido amigo e pediu que o grupo se acomodasse à volta da mesa.

Andrés fez menção de ajudar Jean para que chegasse até sua cadeira, mas o ferreiro agradeceu e, sem grande esforço, caminhou com as próprias pernas até o lugar que lhe era reservado.

— Funcionou teu encantamento, senhora — sussurrou ele à gentil anfitriã. — Tuas mãos me puseram novo em folha!

— Folgo em ouvir isso — disse ela, feliz. — Cada vez que curo uma doença, sinto-me também mais forte. O amor faz bem para quem o recebe e também para quem o dá, meu amigo.

Todos já estavam acomodados à mesa e um respeitoso silêncio se estabeleceu. Helene acendeu as velas que estavam postas ao centro, ao lado de um vasinho de flores e de um humilde crucifixo de madeira. Todos os presentes depositaram as mãos sobre a mesa, em firme concentração, e rezaram, em uníssono, um Pai-Nosso. Depois, nova pausa se estabeleceu. A respiração de todos parecia se combinar no mesmo ritmo, guiada por uma mesma e doce intenção.

Jean sentia seu coração acelerado, intuindo que presenciaria algo novo e espetacular, quando a voz de Helene soou pelo recinto como um bálsamo, combinando com a luz cálida e o aconchego da noite.

— Meus amigos queridos, que Deus, nosso pai e nosso mestre, guie a nossa reunião. A presença dos companheiros do plano invisível se faz notar a cada instante. E pedimos a graça de, com eles, nos comunicarmos.

Como respondendo às palavras de Helene, uma surda pancada se fez ouvir no centro da mesa. Jean sobressaltou-se, desconfiado. Quem teria batido?

— Estamos cientes da tua presença — disse a diretora da reunião —, e estamos prontos para ouvir tuas palavras. Podes estar certo de que aqui te encontras entre amigos. Concede-nos a honra de sabermos quem és.

Um arrepio percorreu a espinha de Jean Valloise e espalhou-se até os membros, pois duas novas batidas se fizeram ouvir, logo seguidas de uma notável transformação no rosto de Helene Duchamp. Ela ficou pálida e dir-se-ia que seus cabelos se eriçavam levemente, atraídos por uma impalpável energia.

— Estamos receosos — disse ela, com voz rouca e irreconhecível. — Tememos, queridos irmãos, pela vossa segurança.

A jovem de cabelos vermelhos assumiu agora o comando da situação e, com calma e segurança, inquiriu a entidade que se apresentava.

— Sejas bem-vindo, tu que vens das esferas invisíveis para nos ensinar. De que falas? O que temos a temer?

— O mundo está se preparando para uma nova revolução — voltou o espírito, através do canal mediúnico que lhe concedia Helene. — Uma revolução ainda mais profunda e necessária do que a reviravolta política e social que, agora, estais enfrentando em vosso país. A Terra está se preparando para dar um passo à frente no plano moral, aquele que deveria, antes de tudo, nortear os atos humanos. Este salto que a humanidade ensaia e que em um breve futuro será dado diz respeito ao espírito, à compreensão da própria natureza de Deus e dos homens. Alguns seres aqui da Terra pressentem a intensidade de tal mudança e já se preparam, como vós. Mas outros ainda estão apegados ao passado, à Idade das Trevas, às imposições preconceituosas de dogmas que foram impostos não pela verdade divina, mas pela mão humana.

— Se bem compreendi, falas do advindo de uma nova forma de encarar o mundo? — questionou a pastora, empolgada.

— Sim, pois falo da verdade. Sou um dos espíritos que zelam por ela e, daqui a algum tempo — talvez alguns lustros de acordo com o tempo terrestre —, poderei animar os labores daquele que trará ao mundo uma nova compreensão. Os conhecimentos que então serão difundidos já afloraram algumas vezes no seio da humanidade, ao longo dos séculos, mas sempre de forma aproximada. Finalmente serão reunidos em um *corpus* organizado e coerente. Este trabalho tocará o coração dos seres humanos, reunindo enfim um novo exército, um exército da paz, formado por trabalhadores incansáveis, construtores de uma nova era.

— Mas por que disseste que temes por nós? Se está para chegar à Terra este ser tão nobre, mensageiro da revolução que mais conta, que é a revolução da alma... que temos nós a temer?

— Vós sois os desbravadores de uma nova crença, de uma nova ciência e de uma nova razão. Contudo, como todos que lutam pelo que é novo, encontrareis a incompreensão e a descrença, quiçá a franca violência dos que não admitem as transformações e se aferram ao passado com unhas e dentes. Estou vos alertando como amigo e como irmão. Sigam com determinação e coragem, mas protegei-vos, ficai alertas, estai prontos para a reação daqueles que não vos aceitam, prontos para o rancor e a intolerância. Confiai em Deus, nosso Pai, que a tudo vê, que tudo sabe, e que só admite que enfrentemos dificuldades em nome do nosso próprio crescimento. Tende coragem, irmãos. E que Jesus Cristo vos acompanhe e guarde.

Helene teve um estremecimento e ficou claro para Jean que o espírito que a influenciava partira.

— Um espírito de luz comunicou-se, caros amigos — disse Helene, emocionada.

— Infelizmente, suas notícias foram assustadoras — observou a costureira, agarrada à mão do marido.

— Assustadoras no que toca à nossa luta contra a incompreensão. Mas animadoras no que diz respeito ao advento de um ser que será especial para a nossa crença. Alguém que, como ele disse, revolucionará o pensamento dos homens e a sua fé.

Andrés serviu água e os presentes tomaram alguns goles para se refazer da primeira manifestação da noite. Mas não passou um minuto e Helene sentiu-se envolver por novo estremecimento.

A bela garota dos cabelos ruivos percebeu o que ocorrera e questionou a entidade que se aproximara:

— Sejas bem-vindo, amigo dos planos espirituais. Quem és tu? O que desejas nos comunicar nesta noite?

— Venho trazer uma mensagem para meu filho, zelosa que sou de sua felicidade e de seu progresso.

— Teu filho está aqui, nesta mesa?

Jean mal pôde acreditar quando ouviu a resposta.

— Sou Marie-Elise, mãe de Jean Valloise.

Como Helene poderia conhecer aquele nome querido? Jamais contara a ela sobre sua infância ou sobre seus pais.

— Lembro-me de quando passeávamos às margens do Sena — continuou o espírito. — Tu querias visitar o Louvre e eu dizia que não era lugar para nós. Tinha vergonha de mostrar-te o palácio e suas obras de arte trajada com minhas vestes de criada.

Lágrimas umedeceram os olhos de Jean. Lembrava-se daqueles tempos vivamente. Eram tão pobres... Sua mãe, tão humilhada e resguardada devido à sua posição subalterna, jamais o levara para ver o magnífico castelo das artes, sempre com medo de que fossem destratados pelos mais ricos.

— Estou muito bem aqui, deste outro lado da vida, meu filho. Só uma coisa me incomoda: é a saudade de ti. Não calculas a alegria que sinto por poder dizer-te essas palavras. Teu pai está aqui comigo e também te abençoa. Nós dois temos tanto orgulho de ti, do teu esforço, da tua irrepreensível honestidade...

As lágrimas começaram a correr pelo rosto de Jean. Ele não podia conter-se, dominado pela emoção.

— Tenho tanto medo de que sofras, querido Jean, ainda mais do que já estás sofrendo. Sei que é tudo para teu bem, pois Deus é justo e só nos dá a carregar o peso que podemos suportar. Porém não gosto de te ver em apuros, sou tua mãe. É uma alegria poder te aconselhar neste momento. Ouça-me com cuidado, Jean, pois são raras as oportunidades como esta. Ainda voltarás a ver Marianne e também o teu filho, que ela carrega no ventre.

— Graças a Deus! — comemorou Jean, com alívio.

— É preciso, entretanto, que não coloques toda tua energia, todos os teus sonhos e objetivos neste reencontro. Há muito mais a buscar, objetivos mais altos e mais nobres que devem nortear teus passos. Só depende de ti, de teu esforço e de tua fé. Meu principal conselho é este, filho: precisas voltar a estudar! Tens um dom que a poucos é conferido, de curar por meio de tua simples presença e intenção. Helene Duchamp já te deu um exemplo deste tipo de cura e tu o sentiste em teu próprio corpo. Hás de te tornar também um curador, ainda mais potente e completo do que ela. Mas, para que esta habilidade não se desperdice, aconselho-te que faças o que eu antes te negava: deves buscar o convívio dos mais ricos e dos mais sábios. Deves trabalhar com afinco para conseguir dinheiro que te sustente e, assim que possível, deves cursar a Faculdade de Medicina de Paris.

Jean não pôde conter uma exclamação.

— Faculdade? Isso não é para mim!

— Basta que queiras e serás, um dia, um médico competente. Inteligência e força de vontade tens de sobra. Pois faze o esforço que for preciso, Jean, mas deves tornar-te um doutor. Teu pai está aqui ao lado, a rir de mim. Eu que, em vida, me sentia tão pequena e diminuída diante dos poderosos, hoje sei que estava iludida. Nós descobrimos que aqui, depois da morte, nada contam os títulos de nobreza e o dinheiro que se possuía na Terra. Aqui somos mais respeitados que muitos dos que, antes, eram nossos patrões, mas que, no coração, não tinham nenhuma riqueza real, só cobiça e maus sentimentos. O que conta na existência, filho, é o amor. O resto passa, é só moeda de troca, peso inútil que a alma abandona, ao elevar-se em direção ao Bem. E tu, filho querido, além de tua honestidade e generosidade, terás a honra de ser também um obreiro, engajado na construção de um novo mundo. Tua contribuição será fundamental se, além de bondoso, fores também ativo. Desejar o bem será pouco para ti. Terás que agir! Pois o nome de tua missão nesta vida se resume a uma palavra: caridade, Jean. Caridade a partir de agora, caridade sempre, através do estudo, do esforço e da fé! Conte conosco, filho, pois estaremos sempre ao teu lado, teu pai e eu. Não esmoreças diante dos sofrimentos, pois será pesado teu fardo, mas nobre tua missão sobre a Terra, uma bênção de Deus, que te ama. Coragem, filho amado!

A incorporação terminou com um estremecimento tão forte que a costureira teve que amparar Helene Duchamp pelos ombros. Ela suspirou, esfregou os olhos e sorriu.

— Que profundas palavras ouviste, Jean. O amor de tua mãe inundou-me a tal ponto o coração que sigo ainda emocionada.

Jean estava com o rosto banhado em lágrimas. As palavras de sua progenitora adorada tinham calado fundo em seu coração. Mas como cumprir o que ela dissera? Ele era tão simples, tão sem traquejo para acompanhar as maneiras dos mais refinados... Como poderia voltar a estudar? Fazer uma faculdade? Jamais seria aceito. Era um sonho impossível.

A reunião estava acabada e os presentes, agradecidos pelas lições ouvidas, embora preocupados com as palavras de alerta, pouco a pouco foram se retirando.

Jean estava compenetrado, silencioso.

— Sente-se bem, Valloise? — perguntou Helene, preocupada.

— Meu corpo está curado, o que me dói é a alma. Tenho medo. Pensava que meu caminho futuro seria perseguir as pistas que surgissem atrás de Marianne, ainda que tivesse que ir até o fim do mundo para isso. Agora recebo um convite para esquecê-la por hora para só pensar... em mim!

— Não. Não foi isso que tua mãe disse. Deves estudar e crescer, mas não para ti, e sim para os outros. A palavra que me ficou de seu discurso amoroso foi aquela que ela mais frisou: caridade. E creio, amigo Jean, que este é o brasão que carregarás daqui para frente, em teu peito. Será ele a tua bandeira. Vamos, mostra-me as mãos.

Jean estendeu as mãos, sem entender. Helene tomou-as entre as suas.

— Aprenderás, como eu aprendi, a curar. E o auxílio aos necessitados se tornará a razão de tua vida. É o que está escrito no céu e aqui, nas linhas de tuas mãos.

Em sua humildade, Jean olhou as palmas das próprias mãos como quem encara o mais profundo dos mistérios.

capítulo 8

ERNEST MILLET

Marianne seguia encantada com o luxo de seu novo lar, e Terence, esperto e paciente, sabia tratá-la com arquitetada gentileza. Ciente de que sua protegida era uma moça de excessiva vaidade, alimentava o quanto podia as suas fantasias de grandeza, mimando-a continuamente com presentes, gracejos galantes, elogios, só esperando o momento certo de atacar.

Decidira conter sua volúpia e respeitá-la, ao menos enquanto estivesse grávida. Até o parto, faria a jovem acreditar que encontrara um homem doce, gentil, prestimoso e puro. Mas, depois do nascimento da criança, não havia dúvida de que cobraria, até o último luís, o seu "grande investimento". Deixara para trás esposa, filhos, carreira. Estava apostando alto naquela humilde cantora vinda dos subúrbios de Paris, e não se contentaria com um prêmio desproporcional a tamanho risco. Faria dela uma estrela, mas, acima de tudo, faria dela sua mulher.

O invisível Horace aproveitava o conforto recém-conquistado com volúpia. Era o cúmplice oculto de Terence e concordava com todos os seus planos. De certa forma, estava vendendo a própria irmã, mas isso não o incomodava. Tudo faria em nome de seus próprios apetites e vontades, pouco se importando com a honra ou a felicidade da moça.

Marianne fazia o que se tornara, desde a infância, sua grande especialidade: sonhava desbragadamente, construía imensos castelos no ar, o que dava espaço para que os velados conselhos de Horace se instalassem nas camadas mais profundas de sua consciência.

Ela se via ao lado de Jean e do filho nas festas pomposas, nos ambientes refinados, na companhia dos nobres e das cantoras famosas da ópera francesa. Via-se retratada nos cartazes dos grandes teatros, com longos vestidos armados, corpetes cravejados de pérolas e imponentes perucas de três andares, salpicadas de pássaros de cristal, frutinhas de pano e vidrilhos coloridos. Via-se nas nuvens, admirada, endeusada, muito acima do resto dos mortais.

Na manhã do terceiro dia em Arles, já climatizados e bem acomodados na nova residência, Terence convidou Marianne a subir no coche, onde o sombrio e silencioso Marcel aguardava, com finas roupas de cavalariço.

— Toca para o centro da cidade — ordenou o empresário. — É chegada a hora de apresentar Marianne ao seu futuro diretor.

Marianne mal se continha de tanta expectativa. O amigo de Terence, Ernest Millet, era um mestre da música. Por sua mão passaram algumas das divas do bel-canto francês. E ele prometera que a auxiliaria, desde, é claro, que gostasse de sua voz.

A opção oposta não a preocupava: nem passava pela sua cabeça decepcioná-lo. Ninguém, em sã consciência, desprezaria uma cantora de sua estirpe. Sua voz era mais poderosa e afiada do que as adagas e floretes da Guarda Real de Paris; seu alcance vocal, mais vasto que o extenso teatro romano que, inesperado e imponente, dava pitoresco colorido ao centro daquela cidade de ruelas estreitas, casarios sóbrios e medievais.

A carruagem corria por caminhos de sonho, flutuando no ar, como é apropriado aos carros das divas e das fadas. A mocinha já habitava as altíssimas regiões celestes, em seu delírio de esplendor, em sua grandiosa e apaixonada efusão.

— *Monsieur* Millet vai nos receber no teatro ou em casa?

— No teatro, meu bem. Deseja ouvir-te acompanhada da pianola.

— Não podia ser melhor! Tu bem sabes que canto melhor do que falo.

Era verdade. Por sinal, era esta a maior das preocupações de Terence du Leplage. Marianne era um anjo cantando, mas uma lavadeira em seus gestos e frases. Tinha cultura rudimentar, inteligência mediocre e toda a sua simplória maneira de ser tornava-se ainda mais evidente e incômoda devido à indisfarçável arrogância.

“Ao menos, é linda”, pensava ele. “A mais encantadora das mocinhas da França. Jamais os palcos viram um rosto tão perfeito, um corpo tão cheio de encantos.”

Quando chegaram diante do imponente e secular teatro de mármore, dirigido por Millet, Marcel correu a abrir a portinhola do coche. Terence desceu na frente e, com um floreio de mão, seguido de uma reverência, ajudou Marianne a descer. Ela não estava acostumada a rapapés tão chiques e, desequilibrada com o peso da barriga saliente, apoiou-se ao braço do cavalheiro com o desajeito de uma pata caminhando sobre ovos.

Ao adentrarem o teatro, ela não conteve uma exclamação de espanto:

— Quantos tapetes, Terence! Que cores vibrantes! E as cortinas! Parecem saídas do quarto de Maria Antonieta. Acho que nunca estive em um lugar tão belo! Os candelabros são mesmo de ouro?

— Acalma-te, minha cara. O fausto e a graça deste teatro são ridículos diante das casas de espetáculo de Paris. Isto aqui, para ti, não é nada mais do que um reles começo. Um primeiro teatro para que te acostumes ao público e vá perdendo o receio. Chamemos de uma primeira aproximação.

E sussurrou ao ouvido da moça:

— Primeiro conquistarás os caipiras aqui de Arles. Depois seguiremos para Avignon e Marseille, onde já existe verdadeira *finesse*. Com a Provença conquistada, poderemos retornar ao ponto de onde partimos, ao céu que te merece: o Palais Royal de Paris.

— Resta saber se o diretor do Palais Royal confia em teu gosto como eu — disse Ernest Millet, que surgira detrás de uma coluna, surpreendendo-os.

A voz afeminada jamais combinaria com o tamanho daquele homem, mas a natureza tem seus caprichos: ele era um elefante em estatura e porte, embora fosse um pintassilgo dos mais frágeis e saltitantes na alma.

Terence ficou engasgado. Será que Millet ouvira mais do que devia? Ai de seus planos se o orgulhoso diretor artístico do teatro, tenor dos mais aplaudidos na mocidade, ouvisse sua opinião sobre os "caipiras de Arles".

— Millet, querido! — gritou Terence, abrindo os braços, em arroubo excessivo de afeto. — Quanta alegria reencontrá-lo, forte e saudável como sempre.

— Poupa-me dos teus abraços melosos — retornou o gigante delicado. — Amarrotas-me as roupas a cada vez que nos encontramos. Se não te importas, vamos direto ao que interessa.

Ernest aproximou-se de Marianne, cobrindo-a com sua sombra imensa. Ajeitou seu mimoso pincenê sobre os olhos verdes e aguados e mirou-a de alto abaixo.

— Apesar da gravidez, é tão magrinha... — resmungou, enfadado. — Será que há espaço para o ar neste peito mirrado? Onde retumbam as notas? Onde reverberam os acordes e se sustentam os agudos? Gosto de cantoras largas e gordas, com pulmões que mais parecem igrejas, prontas para acolher os corais dos anjos.

Marianne ficou intimidada. Não esperava ser medida e analisada, como uma mercadoria exposta, no porto de Nice, aos traficantes de gêneros e especiarias.

— Melhor que prefiras assim — defendeu Terence —, pois tua surpresa será ainda maior. Embora miúda, Marianne tem o alcance vocal das mais experientes madonas. Só que com a voz fresca e primaveril da juventude e a companhia, sempre bem-vinda, de uma beleza incomparável.

Millet franziu o cenho, sem grande entusiasmo.

— Espero que não se trate apenas de mais uma de tuas doidas paixões! — comentou, de forma direta, com franca e soberba grosseria.

— Vamos ao palco e tiremos a prova — desafiou Terence. — Aposto minha carreira como estás diante de uma nova Luísa Toti, com a vantagem incomparável de que se trata de uma francesa. O público beijará seus pés.

Millet suspirou, com um sorriso de descrença.

— Acompanhe-me, minha cara. A hora de teu teste chegou.

Marianne sentiu as pernas fraquejarem por um segundo, mas estendeu a mão com segurança ao afetado diretor. Conduzida ao palco, foi colocada bem no centro, ao lado de uma poltrona de veludo. No peito, uma mistura de excitação e medo.

Terence acomodou-se na primeira fileira da platéia e o grandalhão Millet assentou-se diante da pianola, envergando os pés de um frágil banquinho.

— Tu conheces as escalas harmônicas, por certo? — sondou o especialista.

— Nunca estudei música — confessou Marianne. — Canto o que já ouvi e guardei de memória.

Surpreendentemente, o diretor mostrou-se ofendido. Fechou, com estrondo, o tampo da pianola.

— Até nunca mais, minha cara. Não tenho tempo a perder com amadores.

Terence sentiu ganas de voar no pescoço do seu "grande amigo".

— Não te portes como um menino mimado, Millet! Sabes que eu, como tu, passei toda a vida em meio à música e que, deste assunto, eu entendo! Ensinarás a teoria com prazer a esta moça, assim que vires que a prática ela domina melhor do que tu!

Millet soltou um risinho de hiena, tremendo o canto dos lábios.

— Veremos, meu sonhador amigo. Veremos.

Sentando-se novamente no pobre banquinho, o pesado virtuose reabriu a pianola.

— O que quer cantar a "grande revelação"? — questionou, com ironia.

— Que tal *Le Jardin Enchanté*? — perguntou Marianne, lembrando-se de uma de suas preferidas cantigas.

Millet arqueou as sobrancelhas, cansado.

— Até que não é uma má canção. Acompanho-te em fá?

E tocou um acorde para que Marianne ouvisse. Ela testou a voz naquele tom e um som cristalino e puro invadiu as galerias do teatro, como uma onda do mar espalhando-se pela praia.

Millet arregalou os olhos verdes, já impressionado com a primeira nota. Pôs-se a tocar a cantiga, com todos os trejeitos e acintosos volteios de cabeça de que era capaz. Parecia uma montanha dançante, a martelar a submissa pianola.

Marianne não se fez de rogada. Soltou a voz com toda a intensidade e paixão de que era capaz, ciente de que seu futuro estava em jogo. As notas foram se combinando na colcha de retalhos invisível da canção e Millet foi se tornando, aos poucos, menos exagerado e espalhafatoso em sua execução. Aquietava-se para poder prestar mais atenção à cantora, e gostou do que ouviu. Agradou-lhe o timbre, raro como lhe prometera Terence, e, principalmente, entusiasmou-lhe o insuspeitado alcance vocal. De fato, Marianne era um diamante. Ainda em estado bruto, é verdade, precisando de lapidação e requinte, mas era um diamante.

Na última fileira do mais alto dos balcões, encantado com o ambiente tão diverso daquele de onde viera, Horace acompanhava a irmã com um ambicioso brilho nos olhos. Sim, ela iria longe! Seriam juntos um grande e arrebatador sucesso. Marianne teria tudo o que ele sempre desejara para si: seria admirada e querida por todos, respeitada, e, acima de tudo, servida. Por que não pensara antes em incentivar-lhe a cega ambição? No fundo, ela era sua pupila, e não de Terence. O verdadeiro empresário chamava-se Horace! A que píncaros subiriam, enfim libertos do pobre, enfadonho e tacanho Jean Valloise! Claro que, no que dependesse dele, Marianne jamais voltaria para o marido. Estaria presa para sempre àquele mundo de luxo e de encanto.

Ao terminar a canção, Millet estava suando em bicas, as gotículas escorrendo sob a peruca amarelada e cheia de cachos. A exagerada maquiagem do seu rosto tinha se borrado inteira e só a boca vermelha permanecia bem pintada e viva, como uma rosa encarnada que tivesse sido deixada sobre a areia do deserto.

— Ela tem potencial... — sentenciou o mestre, sem querer demonstrar todo o entusiasmo.

E, puxando um lenço rendado para limpar a lambuzada cara, completou:

— Ensaiaremos diariamente das duas às seis da tarde, minha cara. Um único atraso e abrirei mão de tudo; estará tudo acabado. Não ouses me decepcionar.

Terence pulou da cadeira com os punhos cerrados, em muda comemoração.

Marianne tomou ar, ainda cansada do esforço que fizera e, com os olhos cinzentos faiscando como fulgurantes fogueiras, compreendeu que dera um grande e importante passo na direção do seu sonho. Mais do que nunca, conseguia ver-se ovacionada, sob uma chuva de pétalas de flores, no magnífico Palais Royal.

capítulo 9

TRABALHO

As palavras ouvidas na reunião de Helene Duchamp — na qual aquelas pessoas simples e honestas buscavam, no contato com o outro lado da vida, explicações e aconselhamento para as duras provas da vida na matéria — tinham modificado a maneira de pensar do jovem Valloise.

Ele sempre fora um homem prático, afastado das convenções religiosas e das ladainhas dos padres, porém concordava, de modo geral, com a visão secular da Igreja. Acreditava que o dia-a-dia devia ser enfrentado com honestidade e coragem, para conquistar, em troca, uma vida eterna de paz, em um local separado deste mundo, distante, um idílico paraíso além das nuvens e das estrelas, totalmente desvinculado do plano terreno.

Agora Jean via que se enganara, influenciado pela crença corrente de uma única vida sobre a Terra, coroada pela vida eterna no paraíso ou nos baixios infernais. O contato com aquele espírito de luz que se comunicara, através da mediunidade de Helene e, principalmente, o encontro com sua mãe, anos após sua morte, trouxeram a Jean um novo alento, uma profunda transformação em sua fé.

Se a vida continuava sempre e o contato entre vivos e mortos existia, era bem possível que esses mortos retornassem de fato através da reencarnação, crença corajosamente defendida por aqueles que não diziam amém a toda e qualquer imposição da Igreja.

A nova forma de encarar a vida e a morte parecia a Jean mais coerente e justa. Não existia, no momento do adeus à Terra, a imposição definitiva de um destino, fosse ele o Céu ou o Inferno. O que ocorria é que a busca continuava. Aqueles que desejavam crescer e lutar por seu aprimoramento tinham a oportunidade de seguir adiante neste empenho. Aqueles que falhavam e desperdiçavam suas chances não encontravam um beco sem saída ou uma prisão de portas cerradas, mas novas oportunidades para acertar, lutar e crescer. Parecia a Jean Valloise um quadro muito mais animador e coerente com um Deus que a todos ama e dos quais é o Pai.

Mas, embora a nova visão do universo e dos segredos da morte trouxesse a ele uma nova esperança, tudo o que ouvira causava-lhe grande apreensão. Como é que ele, um pobre ferreiro sem cultura, que só recebera as noções básicas de leitura e escrita dos próprios pais, poderia tornar-se um médico, um grande curador, um participante ativo da tal mudança radical que se avizinhava para o planeta?

Jean não sabia. E suas conversas com a doce Helene só serviam para deixá-lo ainda mais apreensivo. Ela estava muito segura de que os conselhos e admoestações dos espíritos bons deviam ser seguidos com toda responsabilidade. Segundo pensava, Jean recebera muito mais do que sugestões. Recebera uma missão. Mas como cumpri-la e ir atrás de tal elevado objetivo? E Marianne? Deveria então esquecê-la para se ocupar deste novo projeto? Deveria esquecer que, em algum lugar deste mundo, tinha um filho em vias de nascer?

Helene ofereceu a Jean uma solução momentânea:

— Trabalhar é o que te resta, caro amigo. A mente desocupada só encontra espaço para sofrimentos e hesitações. O trabalho enobrece e anima. Através dele, conseguirás encontrar equilíbrio e força moral para entender o que te foi dito e para decidir como deverás agir daqui para frente. Queres ajudar Andrés nos campos de morangos? É o nosso principal sustento e os braços fortes de um homem como tu serão bem-vindos para que aumentemos a nossa produção.

— Será um prazer para mim. Até porque te devo muito, minha amiga. Trabalharei em teus campos com todo o afinco, como se fossem meus.

— Sabia que me responderias assim, com entusiasmo. Tornas a tua vida cheia de sentido, por agires assim.

— Engraçado que me digas isso. Penso, ultimamente, no quanto carece de sentido a minha luta. Nasci na pobreza, lutei todos os dias pelo meu ganha-pão. Enfim encontrei aquela que me pareceu ser a mulher da minha vida. E agradecia todos os dias, do alvorecer ao poente, por esta graça. Então, como a me puxar um tapete sob os pés, Deus tirou-me tudo o que eu tinha: bens, trabalho, filho, mulher... Quem sou eu agora? Que sentido é este de que falas e que pode ainda animar a minha vida?

— Deves lembrar-te do exemplo do Cristo, Jean. No momento em que aguardava pela cruz, o sofrimento mais atroz com que já deparara, ele pediu que o Pai afastasse de si aquele cálice. No entanto, completou sua súplica com corajosa aceitação, dizendo: "Mas que seja feita a Vossa vontade". Deus há de ter razões para ter encaminhado tua vida como o fez. Acabas de levar um tombo, mas talvez possas reerguer-te voltado para um novo horizonte, direcionado ao progresso e a uma nova vida. Aceita teu destino, nobre ferreiro, e aproveita as lições que a vida te oferece.

Jean calou-se diante da sabedoria da bem-intencionada amiga. Buscou no quintal um terçado e uma enxada, atrelou o arado a um cabisbaixo cavalinho, de nome Belenus, e, chamando Andrés, que se refrescava às margens de um córrego que atravessava os fundos da propriedade, seguiu para a árdua labuta nos campos de morango, sob o sol.

capítulo 10

O CONVITE

A primeira vitória pode ser uma armadilha perigosa para aquele que almeja tudo conquistar, de forma egoísta e ambiciosa. Conseguir que o exigente Millet se tornasse professor de Marianne deu a Terence a sensação de que tudo fluiria de acordo com seus planos. Já se sentia vitorioso e pouco se importava com tudo que deixara para trás.

Em Paris, a pobre Adelaide, sua esposa abandonada, enfrentava os maiores dissabores. Acostumada a uma vida de luxo e ostentação, não sabia como poderia manter os três filhos pequenos sem o marido. Os amigos do casal, antes solícitos, agora lhe fechavam as portas. A pobre senhora estava em total desolação.

Adelaide sabia que a mãe de Marcel Durrat, o cocheiro de Terence, morava nos arrabaldes da cidade, na encosta das colinas do norte. Era ela a única esperança que a mulher tinha de encontrar alguma pista do paradeiro do marido desaparecido.

Em sua inocência, ela temia que ele tivesse sido atacado por revolucionários. Talvez tivesse sido confundido com algum cortesão e assassinado pelos *sans cullotes* antes de conseguir provar sua verdadeira identidade. Mas, sem pistas ou provas, sentia-se perdida.

Ao chegar ao humilde vilarejo no sopé do morro, acompanhada dos três filhos, Adelaide se surpreendeu por encontrar mais hospitalidade do que tinha achado entre os presunçosos "amigos" de seu marido. A mãe de Marcel, Madame Juliette Durrat, gentilmente acolheu a família abandonada, penalizada diante de tão trágica situação.

Juliette informou o que sabia: Marcel tinha partido com o patrão para os arredores de Arles; tinha o endereço guardado em algum lugar. Porém o filho não dissera o motivo da viagem ou o prazo da volta.

Adelaide ficou surpresa. Por que Terence teria feito tal viagem em segredo?

Sua única saída era usar os últimos luíses que lhe restavam para financiar uma ida de coche até o destino indicado. Mas o dinheiro não era suficiente para levar as crianças, e isso a deixou transtornada. Jamais se separara dos pequenos François, Luc e Gerard.

Juliette mostrou-se dotada de generosidade. Embora vivesse à míngua, tinha suas galinhas que garantiam ovos, sua vaca que fornecia leite, uma pequena horta... Se Madame Adelaide concordasse, os pequenos poderiam ficar ali, em sua casa, até a volta.

Adelaide não teve alternativa senão concordar, com gratidão. Ficaria fora no máximo uma semana, o tempo suficiente para ir até Arles e voltar. Depois que reencontrasse o marido, recompensariam o esforço da boa Juliette. Estava segura de que Terence lhe daria uma explicação convincente para ter se evadido em segredo. Em breve, tudo voltaria a ser como antes.

Enquanto isso, no sul da França, Terence comemorava com charutos caros e champanhe o primeiro êxito de sua protegida.

— Não desejas uma taça, gentil Marianne? Mereces festejar tua vitória. Millet é um crítico feroz e, se conquistaste a ele, conquistarás, como eu previa, todos os amantes da música francesa.

Marianne estava mais linda do que de costume, revestida de uma aura de grande excitação. Não via a hora de dar à luz o filho esperado, pois precisava estar em forma o quanto antes para as futuras apresentações. Talvez pudesse oferecer uma cantata no próprio anfiteatro romano do centro da cidade, iluminada por tochas, rodeada por dezenas de bailarinas, ilusionistas, malabaristas e encantadores de serpentes. Seria Salomé, Afrodite, Cleópatra diante de milhares de admiradores que se acotovelariam nas arquibancadas.

— Em que pensas, meu bem? — perguntou Terence, interrompendo-lhe o devaneio. — Estás com um olhar tão distante...

— Penso em meu filho — mentiu a mocinha, que só pensava em si.

Ao lado dela, Horace realizava o seu silencioso "trabalho":

— Pergunta-lhe do dinheiro! — sugeria ele ao ouvido da irmã. — Já é tempo de tratares do que mais interessa. Tu és a estrela, a mina de ouro. E não podes sair desta aventura na pobreza em que entraste. Esta é a nossa chance de crescimento e de glória, irmãzinha. Pergunta-lhe do dinheiro!

Marianne sentiu um leve estremecimento, um arrepio gelado na nuca. Julgou que o vento da noite estivesse atravessando as frestas da janela.

— Terence... — disse ela, com sua voz cristalina. — Quando meu filho tiver nascido e Millet tiver me considerado pronta para as apresentações públicas, tu julgas que conseguirei ganhar um bom dinheiro?

A pergunta não caiu bem nos ouvidos do ambicioso empresário, acostumado a usar os artistas em seu próprio benefício e amealhar todo o lucro para si.

— Não deves pensar nisto agora — respondeu. — Desta parte, cuido eu. Tu és uma artista e só deves te preocupar com a tua arte.

— Não aceites tal conversa, maninha! — insistiu Horace. — Quem canta, afinal, és tu. O talento e o esforço são teus. Mereces todas as recompensas! Deves exigir uma porcentagem.

— Quero uma porcentagem — repetiu Marianne. — Sou eu que canto. E não larguei meu marido como fiz, para voltar para ele de mãos vazias.

— Terás tua porcentagem — concordou Terence para encerrar o assunto, já irritado com a menção a Jean Valloise. — Toma tua champanhe, saboreia tua primeira vitória. Não penses agora no resultado final.

— Cinqüenta por cento — disse o espírito obsessor. — Nem um vintém a menos.

— Cinqüenta por cento — repetiu a mocinha, obediente.

Terence riu, como riem os piratas e os assassinos da pior espécie. Por um momento, sua beleza madura e elegante deixou transparecer a monstruosidade oculta em sua alma.

— Jamais ganharás tanto, minha boa Marianne. O risco é todo meu e, portanto, deves acatar os meus conselhos. Prometo que terás, no futuro, um salário decente.

Marianne não ficou feliz com a conclusão do debate e mais insatisfeito ainda ficou Horace. Ele viu que teriam que aprender a lidar com aquele espertalhão de barba cinzenta. Caso contrário, Marianne trabalharia como escrava em troca de migalhas.

Ironicamente, Horace não percebia que fazia o mesmo que Terence, mas de maneira ainda pior: ele queria sucesso e conforto à custa de Marianne, contudo sem nenhum esforço ou merecimento de sua parte.

Que deprimente quadro formavam aqueles três espíritos... Tão deformados e sós, ligados pela triste necessidade de serem grandes e vitoriosos no que não importa, desprezando cegamente o que há na vida de real valor.

Tocaram o sino da porta e Marcel surgiu da cozinha para atender. Em breve, retornou à sala com uma carta, lacrada com elegante timbre de cera.

Terence arrebentou o lacre e leu, curioso.

— Trata-se de um convite, minha cara. Para uma festa na residência do duque de Montserrat.

— Na residência de um duque? — sibilou Marianne, encantada.

— Perfeitamente, minha querida. Millet, sem dúvida, começou a utilizar os seus contatos. Deseja apresentar-te à sociedade local.

— Não podia ser melhor. Adoro festas! Mas não posso ir vestida como uma mendiga de porta de igreja...

— Comprar-te-ei um vestido digno de uma princesa.

Marianne derreteu-se:

— És um amor! Nem sei como agradecer-te.

Terence aproveitou para agarrar-lhe a branca mãozinha.

— Não precisas agradecer. Sabes que gosto de ti.

Marianne arrependeu-se de seu arroubo. Retirou a mão e se fez de ofendida:

— Terence, por favor. Sou uma mulher casada, se é que te lembras. E tu também tens esposa e filhos, que bem o sei.

A referência à família irritou-o profundamente.

— Se queres continuar sob minha proteção, exijo que nunca mais voltes a tocar neste assunto! Meu passado é só meu e dele cuido à minha maneira. Interessa-me o momento, querida menina, e o que ainda há de vir. Se queres um futuro risonho, é melhor que comeces a me tratar com mais condescendência e respeito.

— Acaso te desrespeitei? — perguntou a moça. — Só te lembrei da mais pura verdade.

Terence calou-se. No entanto, seus pensamentos eram agressivos e sórdidos. Marianne não perdia por esperar. Depois que seu filho nascesse, ela acabaria por ceder aos seus encantos... ainda que à força.

capítulo 11

A PESTE

Valloise e Andrés passaram o dia trabalhando com vigor nos campos de morango. Livraram o terreno das ervas daninhas que teimavam em nascer por entre os pés sadios, araram a terra ainda não cultivada e a vivificaram com adubo, plantaram novas mudas e colheram as frutas que já estavam maduras.

No final da tarde, tinham conseguido encher a carroça com cestos repletos de morangos vermelhos e suculentos. A safra era boa e havia de render um bom dinheiro no mercado.

Jean gostou de trabalhar ao lado de Andrés; apreciava sua companhia. Silencioso e puro, Andrés tinha olhos que diziam mais do que as palavras. Em poucos dias de convivência, ele já enxergava Valloise como o pai que tão cedo perdera, ou como o irmão que nunca tivera. E este afeto era recíproco.

Reza o Evangelho, com sabedoria, que são bem-aventurados os puros de coração. Nada pode ser mais verdadeiro. Andrés não tinha um corpo sadio e as limitações físicas e mentais tornavam-no uma figura assustadora à primeira vista. Contudo, sua maneira afetuosa de ser, sua desprendida e sincera forma de encarar a vida, com imensa pureza, faziam com que se tornasse única e estranhamente belo. As poucas palavras que dizia eram praticamente incompreensíveis, mas Valloise começava a entendê-lo, por meio dos seus olhares e sinais.

Andrés tornara-se um amigo querido, e foi difícil para Jean compreender e aceitar o que a vida reservava para ele em um breve futuro.

Na volta para a casa de Helene, a carroça de morangos teve que interromper seu trajeto. Por uma estrada transversal, passava um cortejo fúnebre. Homens e mulheres de preto, portando flores e derramando lágrimas, acompanhavam um impressionante caixão infantil.

A senhora que mais soluçava, evidentemente a mãe do menino morto, tinha nos vincos do rosto o sofrimento inteiro do mundo. O que pode ser mais difícil e inaceitável do que a morte de uma criança? Como compreender, no momento da dor, que a vida continua para este espírito, tantas vezes mais velho do que os pais, via de regra designado para mais altas e perfeitas missões depois de sua curta estadia na Terra? De fato, é dura provação, das mais tristes e difíceis provas da existência.

Não fugindo à regra, a pobre mulher desabava por dentro, arrasada.

Alguns jovens seguiam atrás da fila do cortejo, também compungidos e inconformados. Temiam que a doença não parasse naquele primeiro sacrifício e avançasse sobre eles mesmos e suas famílias.

Fora a peste que levara o menino, a temível varíola negra que, desde a Idade das Trevas, assolava a Europa. Na França, neste final do século XVIII, duas em cada dez crianças morriam, levadas pela doença, que também não poupava os adultos. Era uma verdadeira carnificina realizada pela praga, inclemente, implacável e insidiosa.

Já aconteciam, na Inglaterra, as primeiras experiências com uma vacina que, dentro de alguns anos, mostrar-se-ia eficaz. Mas tal abençoada descoberta não chegara ainda à França, muito menos àquele vilarejo esquecido.

Quando os jovens do cortejo avistaram a carroça, algo assustador aconteceu. Os olhares de comiseração e reverência diante da vontade de Deus iluminaram-se com novos e temíveis sentimentos.

Um deles apontou para Andrés, espumando de ódio.

— Vejam quem está aí! — bradou. — O filho da bruxa! A culpa é dela e desse filhote do Demônio!

Uma mulher de véu negro concordou com a feroz acusação.

— Ele está certo! Esses malditos conversam com almas penadas, traficam com as fadas e os duendes! Estão atraindo a peste para as nossas casas!

— São amantes de Satanás! — completou um velho, exaltado. — Deviam ser crucificados!

E toda a turba concordava, urrando que os culpados da tragédia eram os pagãos que Helene Duchamp comandava.

A animosidade era intensa e Jean percebeu que poderia degenerar em violência. Achou melhor permanecer em silêncio, sem retrucar. Quando Andrés fez menção de se levantar, segurou-o pelo ombro.

— Não ouses revidar — sussurrou ao amigo. — Estão cegos, transtornados pelo sofrimento. Engole tua raiva, Andrés, e te acalma!

Os xingamentos e insultos prosseguiram até o cortejo terminar de passar. A culpa de Helene Duchamp e de seus "comparsas" já estava decidida. Já tinham sido julgados e sentenciados, sem direito à defesa. A pena ainda não havia sido proclamada, mas ninguém por ali tinha dúvidas de que a boa e gentil senhora era uma feiticeira perigosa: causadora da peste, sua senhora e guardiã.

Quando Jean e Andrés chegaram ao casebre, encontraram Helene diante da porta, em estado de grande agitação.

— Estão bem, vocês dois? Algo aconteceu no caminho, não foi?

— Como é que podes saber? — inquiriu Jean, surpreso.

— Um amigo das esferas astrais me sussurrou ao ouvido. Disse que correram grande perigo.

— Não foi nada. Já passou — amenizou Valloise —, embora creia que devas levar em conta os conselhos que teus amigos invisíveis têm dado. Acautela-te contra aqueles que não compreendem este tão estranho dom que possuis. Talvez devesses interromper as reuniões que diriges, por um tempo.

— Nunca! — disse Helene, com firmeza. — Morrerei agarrada à minha crença. Nada tenho a esconder ou de que me envergonhar. Serei sempre o que sou, Valloise, aceitem ou não!

Jean calou-se, com respeito. Compreendia e admirava a atitude da amiga. Mas temia pela sua segurança e pela de Andrés.

capítulo 12

A FARSA

— Esta será a primeira de muitas noites de glória, minha cara — dizia Terence, admirado com a aparência encantadora de Marianne em seu novo vestido de festa.

Marianne deu um volteio, admirando-se no espelho.

— Jamais imaginei que usaria um traje como este. Nasci à sombra de uma árvore, ao relento. Já te contei?

— Um milhão de vezes, meu bem. Sei que tiveste uma infância paupérrima. Mas é por isso mesmo que a Providência escolheu-me para ser teu tutor. Vou mostrar-te um novo mundo, Marianne, introduzir-te em uma nova e encantadora vida.

— Millet virá nos buscar para a festa?

— Sim. Avisou-me por um criado que nos acompanhará em sua carruagem. É ou não é um bom amigo?

— O melhor que tu podias encontrar. Mas é um professor bem severo — reclamou a mocinha. — Hoje à tarde, obrigou-me a repetir o mesmo trecho de uma ária à exaustão. Achei que acabaria por enlouquecer.

— Obedeças a tudo o que o teu mestre sugerir, minha querida. Millet sabe bem o que faz. Vai te transformar numa diva.

— Ele disse que não tenho modos e que movimento os braços como um abutre, ao cantar. Pensas que isso é algo que se diga a uma dama?

— Terás que ter um pouco de humildade, meu bem. Ele é exigente, mas tem muito a oferecer. E não te irrites com os seus gracejos. Millet sempre teve um humor um tanto peculiar.

— É um homem esquisito. Tão forte e tão delicado ao mesmo tempo. Pensas que ele se agrada das mulheres? Ou será que prefere os rapazinhos?

— Não te atrevas a tocar neste assunto com ele! — cortou Terence. — Millet pode ter maneiras um tanto afetadas, porém se considera um don Juan e consegue lá as suas conquistas. São caprichos da natureza, minha cara. E sabes o que mais me impressiona? As mulheres gostam dele!

— Pois sim! — retrucou Marianne, com sua rústica simplicidade. — Gostam mesmo é do dinheiro que ele tem! Deus me livre de um homem tão cheio de não-me-toques. Acho-o simplesmente asqueroso.

Neste exato momento, Marcel entrou, vindo da rua.

— Mousieur Millet acaba de chegar.

Terence e Marianne se olharam, divertidos, segurando o riso. Achavam bonito caçoar de alguém que os ajudava. Eram detestáveis em sua forma de encarar e criticar os outros, por uma simples razão: sua vaidade os impedia de reconhecer seus próprios e profundos defeitos.

Millet entrou com seus modos espalhafatosos, como sempre acalorado. Tinha "milhares de coisas a resolver no teatro" antes da festa à noite, mas passara para uma rápida visita, devido a uma questão que o estava angustiando desde a noite pregressa:

— Temo que os figurões da sociedade local reparem mais na tua barriga do que na tua voz, minha cara.

— Não compreendo — disse Marianne, instintivamente protegendo o ventre com as mãos.

— Inevitavelmente, vão querer saber de quem é a criança. A moralidade aqui em Arles não passa de convenção e aparência como, aliás, no resto da França. Mas essas enfadonhas normas morais contam muito na determinação de quem sobe ou desce no gosto da sociedade local. Quem é o pai de teu filho? Onde ele está?

— O pai é Jean Valloise — respondeu Marianne, decidida —, meu bem-amado marido. Ele ficou em Paris... — e, neste ponto, ela quase gaguejou — a me esperar.

— Que comportamento desprendido tem esse jovem! Deve ter uma mentalidade moderna. O que ele faz da vida? Qual a sua profissão? É um artista como tu?

Marianne calou-se, envergonhada.

— É ferreiro! — respondeu Terence, com mórbido prazer.

A expressão de Millet ficou entre o espanto e o desespero.

— Ferreiro?! Como hei de apresentar uma nova cantora às madames da sociedade, com tal absurdo em sua biografia? Está fora de questão. Diremos, então, que o marido dela morreu. Podemos mentir que era um cortesão e que encerrou seus dias aos pés do carrasco.

Marianne ficou assustada, impressionada com a facilidade com que o mestre de teoria musical "executava" seu marido.

— Tenho uma idéia ainda melhor — propôs Terence, libidinoso. — Posso apresentá-la como minha esposa, dizer a todos que o filho é meu.

— Basta de gracejos, Terence! Pensas que vou me prestar a tal fanfarronice? — reclamou Marianne, contrariada.

— E por que não? — voltou Terence. — Ninguém me conhece aqui no sul da França, exceto Millet. Haverão de acreditar que somos um casal feliz, em vias de ganhar seu primeiro rebento. Que mal pode haver nisso, meu bem? É só uma pequena farsa em prol do teu sucesso social.

— Acho a idéia esplêndida! — exultou Millet, animado. — Para todos os efeitos, serão marido e mulher. Quem há de dizer o contrário?

E completou a frase com um gracejo maldoso:

— És um homem de sorte, Leplage. Deves ter encantos secretos para ter atraído ao matrimônio uma moçoila tão jovem.

Terence não achou assim tão engraçado, mas Millet gargalhou como uma criança peralta. Terence se viu obrigado a acompanhá-lo no riso, com sua típica e falsa cordialidade.

— Temos então um segredo, nós três — arrematou o empresário, para selar o pacto. — Ninguém pode saber que se trata de engodo. Para todos os efeitos, esta é a senhora Marianne du Leplage.

Marianne permanecia insegura:

— Não sei se esta mentira é conveniente. No futuro, hei de trazer meu marido para junto de mim. E que hão de pensar então? Casei-me na igreja, afinal. Devo me manter fiel a ele, mesmo em pensamento.

Millet deu a cartada definitiva:

— Tu é quem sabes, meu colibri de voz de cristal. Apresenta-te como Madame du Leplage e seguirei como teu mestre. Ou chega à festa como a mulher do ferreiro... e vais passar a vida a cantar em frente do fogão ou ao relento, tal qual uma lavadeira de beira de rio.

A cantora não teve jeito senão conformar-se àquela armação.

Ao olhar-se novamente ao espelho, a humilde Marianne Valloise tinha morrido. Os olhos que a fitavam agora eram da soberba Marianne du Leplage.

capítulo 13

O BANQUETE

Longe da fúria revolucionária que balançava os alicerces políticos no centro do país, a aristocracia no sul da França permanecia intocada, certa de que a agitação popular encabeçada por Danton e Robespierre jamais os atingiria. Era uma segurança ilusória, pois a nova ordem social se espalharia implacavelmente pela França, dentro de poucos anos.

Por ora, os filhos da Provença seguiam vivendo nos moldes do Renascimento: havia uma minoria, faustosa e exploradora, que se servia de uma maioria, paupérrima e insatisfeita.

O castelo do duque de Montserrat ultrapassava a barreira dos sonhos. Era de uma pompa e de uma riqueza extasiantes e Marianne sentia-se tão tensa que temia tropeçar em um dos inúmeros tapetes persas que cobriam o chão.

A duquesa era uma mulher magra como um caniço, com dentes escurecidos e desalinhados. Feia, enfim. Mas dotada de calorosa simpatia.

O duque era o oposto: belo, apesar da idade, com grossas sobrancelhas brancas e olhos azuis iluminados, embora dono de uma franca antipatia. O enfado por suportar "mais uma festa" estava estampado em seu semblante.

Esgueirando-se por entre os elegantes convidados, o colossal Millet puxava a pequena Marianne e seus dois apêndices sorridentes: Terence, preocupado em se fazer passar por marido atencioso, e Horace, invisível, inebriado com o luxo da mansão, doido para começar a beber através de seus aliados.

O duque apertou a mão de Millet com ar cansado, mas iluminou-se ao ver Marianne.

— Quem é a encantadora dama?

— É Marianne du Leplage, senhor duque, minha mais nova pupila. Canta como um colibri.

— Não vejo a hora de ouvi-la — arrematou o nobre, educado.

Terence conseguiu atravessar o grupo de convivas que se acotovelava para oferecer seus respeitos ao casal anfitrião.

— Eu sou Leplage, senhor duque, esposo de Marianne e seu dedicado empresário.

O duque apenas olhou para ele, soltando um resmungo. Sabia que não demoraria a encontrar algum defeito na bela novidade que Millet trouxera.

A duquesa de Montserrat tinha pendores literários, escrevia poemas, e, após o banquete, recitaria uma de suas últimas composições. Millet já arquitetara tudo. Após a tertúlia poética, sempre complementada pelos mais mornos e sonolentos aplausos, apresentaria Marianne ao público. Ela seria um estouro indubitável, até mesmo devido ao contraste.

Um tanto deslocados, desconhecidos que eram de todos, Terence e Marianne — e, claro, Horace — tentavam se soltar, bebendo o maravilhoso champanhe que os inúmeros criados não se cansavam de servir. Os quitutes também eram divinos e Terence teve que reprimir Marianne discretamente, impedindo que ela se empanturrasse como uma camponesa faminta antes do banquete.

Quando todos estavam acomodados, serviram sopa de frutos do mar, salpicada com ovas de esturjão, faisão recheado com trufas, porco assado com calda de ameixas, compota de *abricots* ao licor, tudo arrematado com queijos dos mais variados, frutas, bolos, caldas, geléias diversas e chás. Uma verdadeira orgia gastronômica que empanturrou os convidados, embotando-lhes a razão e os sentidos.

Uma doce modorra se estabeleceu, acentuada pelo poder amplificador do vinho.

Terence estava animado, sob o efeito do álcool, contando vantagens para os que tiveram a desventura de se sentar perto. Millet abraçava um velho esquálido que, de tanto dizer que era um gênio das ciências, fez com que todos acreditassem, embora só soubesse repetir vazias frases de efeito. No entanto, são dessas frases enfeitadas e ocas que vive a alta sociedade, onde o importante é parecer. Ser, infelizmente, conta muito pouco em tais ambientes.

No plano espiritual, Horace já estava tão inebriado de vinho quanto seu companheiro Terence, e se aproveitava de sua imaterialidade para se aproximar das moças atraentes. Tinha a ilusão, o desprezível espírito, de que a proximidade lhe dava algum tipo de poder sobre aquelas donzelas lindas, que jamais o olhariam, se pudessem vê-lo. Estava redondamente enganado: em nada as afetava o seu assédio mudo, pois não há amor nem carinho na vida, aqui ou no além, que não seja uma via de mão dupla. Amor é troca, reciprocidade, comunhão. Ninguém impõe afeto a outro, no máximo uma vontade bruta e física que só merece desprezo.

Isso porque o coração, a alma, tem um único comando, pessoal e intransferível. Ama-se a quem faz por merecer o nosso amor e conosco o compartilha. Homens ou espíritos como Terence e Horace só pensam que amam e são amados. Na verdade, estão completamente vazios e sós.

Terminado o banquete, o duque de Montserrat bateu três vezes em sua taça de cristal com a colher.

— Chegou o momento que todos esperavam — mentiu ele, educadamente. — A duquesa preparou algumas pérolas de sua lavra, inspiradas pelas Ninfas, amantes das letras e da poesia. Hoje terei a alegria de escutar uma ode dedicada a mim. Não a mereço, já o digo antes de ouvi-la, mas muito me honra ser digno de tal deferência por parte de minha adorada esposa.

O povo aplaudiu, antevendo a grossa chateação que se seguiria.

A duquesa de Montserrat levantou-se e recebeu das mãos de um criado um pequeno calhamaço de folhas manuscritas. A tortura seria longa.

— *Ó Musas dos campos, dos mares e do vento / Elevo em louvor e prece meu pensamento...* — começou a inspirada poetisa.

Um quarto de hora se passou e ela permanecia ainda no preâmbulo da ode ao marido amado, rimando alimento com sentimento. Os convidados lutavam para conter os bocejos, que seriam tomados como inaceitável grosseria.

Quando já quase alcançavam a metade da obra-prima, Terence teve que chutar Marianne sob a mesa, pois a mocinha piscava os olhos vergonhosamente, à beira do sono.

Manter a atenção não foi tarefa fácil para os convivas. Mas tudo passa neste mundo de ilusão, até os arroubos enfadonhos de uma artista que se impõe pelo poder e não pelo talento, e a quilométrica poesia se encerrou, logo seguida pelo mais conformado dos aplausos.

Millet arregalou os olhos para espantar a pasmaceira que se entranhara em seu cérebro e levantou o corpanzil com toda a sua inusitada graça.

— Senhora duquesa, senhor duque, caras senhoras e senhores de Arles: há tempos venho lhes prometendo uma novidade no reino encantador da música, uma surpresa para seus refinados ouvidos. Todos aqui sabem que fui mestre de grandes cantoras, algumas das quais empreenderam carreiras de imensa projeção.

No centro da mesa, uma das ex-alunas de Millet, Sophie Gail, acompanhava o discurso com toda atenção. Ela já tinha sido a grande estrela local do bel-canto, lotando os teatros da Provença com suas cantatas. Há anos, brigara com Millet por motivos fúteis, bem próprios da alta sociedade, e desde então sua carreira decaía. Sabia que ele vinha lutando para encontrar uma rival que se comparasse a ela em talento. Teria encontrado?

— Tenho o prazer de lhes apresentar a minha mais nova descoberta — continuou Millet, inflamado. — É uma cantora ainda em desenvolvimento, pois mal iniciou seus estudos. Contudo, seu talento natural, pasmem os senhores, já supera em muito o lapidado trabalho vocal de todas quantas já passaram por minhas mãos.

É claro que muitos olhos se voltaram, imediatamente, para Sophie Gail. Aquele fora um desafio direto, uma ofensa pública que ainda haveria de receber a sua resposta.

Os olhos castanhos de Gail faiscavam de ódio. Assim que Marianne levantou-se e caminhou para junto da orquestra, ao canto do salão, a renomada intérprete soube que estava diante daquela que seria sua mais valorosa inimiga.

Quando Marianne começou a cantar, o salão foi percorrido por uma sutil eletricidade. O encanto era evidente em todos os semblantes. Sua voz era magnífica. Jamais Arles recebera artista de tal envergadura.

Terence e Horace exultavam, notando a reação positiva dos convivas. Marianne iria de fato ao topo, era uma mina de ouro em suas mãos.

Millet sentia-se nas nuvens. Discretamente, observava a reação de Sophie Gail, feliz por vê-la engasgada de despeito e inveja.

"Se ela tivesse cedido aos meus apelos, não estaria passando por tal contrariedade", pensava. "Agora está aí, sozinha e infeliz... Logo estará esquecida. A mão que lhe ofereci, com tanto carinho, agora só terá como ocupação puxar Marianne du Leplage para os píncaros da glória. E, se preciso for, servirá para empurrá-la ainda mais para baixo."

Ao final da apresentação, o salão veio abaixo, em sonora ovação. Marianne inclinou-se reverente.

O duque de Montserrat fez uma gentil homenagem à nova pupila de Millet:

— Estou sinceramente maravilhado com a soberba interpretação de Madame Marianne du Leplage. *Monsieur* é um homem de sorte — disse a Terence. — Não poderia ter escolhido dama mais cativante e talentosa para mãe de seus filhos.

Terence agradeceu com um simples meneio de cabeça, fingindo humildade. Mas, por dentro, sua alma dançava. Aquela era a noite mais feliz de sua vida. Tinha encontrado a cantora certa para agenciar, considerava-a estonteante e a tinha cada vez mais em suas mãos. Até mesmo o seu nome ela já estava usando. Era sua, enfim. E seria ainda mais!

capítulo 14

A VINGANÇA

Quatro horas da manhã nos arrabaldes de Paris e Jean Valloise já estava desperto, pronto para mais um dia de trabalho.

Helene e Andrés estavam ainda dormindo e, sem querer incomodá-los tão cedo, Jean foi até o quintal buscar água fresca para suprir a cozinha da casa naquele dia.

Ao lado de uma pequena horta, ficava o poço, construção antiga, feita com pedras irregulares de rio.

A lua cheia ainda brilhava intensa no céu, iluminando o serviço, e foi sem dificuldade que Valloise atirou o balde de madeira às profundezas, em busca de água pura.

Ao girar a manivela e içar o pote, o ferreiro sentiu uma resistência maior do que seria normal, como se o vasilhame tivesse se prendido a alguma planta ou galho que caíra no buraco.

Quando o balde surgiu à superfície, ele foi tomado por profunda repulsa e pavor. Havia ali duas peças de roupa, empapadas de água. Deviam pertencer a um garoto de dez ou doze anos e não foi preciso mais do que um segundo para que Valloise compreendesse de quem era tal vestuário. Os habitantes do local, revoltados com a morte da criança, ocorrida na tarde pregressa, tinham jogado no poço as suas roupas infectadas.

Jean sentiu uma tontura, um formigamento nas mãos. Apavorado, deu-se conta de que, na noite anterior, ele, Helene e Andrés já tinham bebido aquela água pútrida e se limpado com ela. A comida do jantar também fora feita com tal veneno e, agora, era uma questão de poucos dias para que o resultado do cruel atentado se fizesse notar.

Jean correu para casa, com o peito sufocado pela revolta. Como é que os responsáveis por aquilo podiam ser insensíveis a ponto de conceber tal vingança? Não jogaram Helene à fogueira, como teriam feito poucas décadas antes, com o apoio da Inquisição. Optaram por uma execução anônima, silenciosa, embora nem por isso menos feroz.

Valloise e seus dois bons amigos estavam condenados a uma morte dolorosa e fulminante, provocada pela implacável varíola negra.

O alvorecer ainda estava distante e Jean relutava em acordar Helene Duchamp. Como conseguiria contar algo tão desastroso e trágico? Olhava para a amiga adormecida e pensava: "Quem sabe ela consiga escapar? Ou talvez Andrés". Havia casos em que a doença não progredia, mesmo depois de uma plena exposição a seus eflúvios. Quanto a ele, não se incomodava tanto assim com a ameaça da morte. Já perdera tudo o que antes tinha. Talvez o túmulo lhe trouxesse a consolação por que ansiava, talvez lhe mostrasse uma nova e inesperada saída para o impasse com que se defrontava. Só de uma coisa se condoía: nunca mais veria a bela Marianne ou seu filho. De resto, estava pronto para encarar a passagem final sem relutância, de peito aberto.

Helene abriu seus ternos olhos e deparou com Jean ali, imóvel, com uma dolorosa expressão a lhe marcar o rosto.

— Que é que tens, amigo Jean? Não te sentes bem?

— A minha vida não vale nada perto da tua — disse ele, enigmático e emocionado. — Sou um homem simples, que nunca fez mal a ninguém, mas que também nunca fez nada de verdadeiro valor. Tu és caridosa e gentil. Ensinas o que sabes a quem quer que te procure, com paciência e amor. Sabes conversar com os espíritos e tens até a capacidade milagrosa de curar...

Neste ponto, uma esperança renasceu no coração de Valloise.

— Será que és capaz de curar qualquer doença? Porventura, até a peste é submissa ao poder dos teus dons curativos?

Helene sentou-se na cama, apreensiva.

— Passes e preces ajudam, Jean, porém só um milagre pode vencer a violência da varíola. Por que perguntas isto com tanta aflição? Estamos diante de algum caso assim? Estás doente, nobre Jean? Apareceram em teu corpo as marcas indicativas da praga?

— Não ainda — disse ele, condoído. — Mas estamos todos expostos: eu, tu e Andrés. Não sei se haveremos de escapar.

Jean mostrou as pequenas peças de roupa, ainda molhadas.

— Veja o que encontrei no poço. Estou certo de que pertenciam ao menino empestado que enterraram na tarde de ontem.

— Bebemos água contaminada — murmurou Helene, compreendendo tudo. — Meus detratores conseguiram um caminho seguro para nos eliminar. Observarão nossa morte de longe, sem sujar as mãos.

— São uns covardes! — concluiu Valloise.

— Não sabem o que fazem, Jean — voltou ela, recordando as palavras do Cristo. — Não merecem nosso ódio, mas nossa compaixão.

Sentindo-se desprotegido e frágil, Valloise se aproximou da amiga.

— Morreremos juntos, senhora, nós três. Que pensas disso? Decerto não temes que isso aconteça, pois acreditas na permanência da vida após a morte.

— Minha crença ajuda a espantar o temor. Mas não penses que não tenho apego a esta vida. Ela é uma dádiva do Criador, a chance renovada para que paguemos nossas culpas e cumpramos nossas missões. Quem é que pode ficar em paz ao saber que tal bênção será interrompida pela vontade cega de um assassinato?

Jean sentiu um aperto na garganta, esforçando-se para conter as lágrimas.

Helene voltou seus olhos para Andrés, que ainda dormia, combalida de pena.

— Meu pobre filho... Tão ingênuo e bondoso. Melhor que não lhe contemos nada. De que adiantaria? Tudo o que podemos fazer é orar. Buscar na prece o conforto para este momento de dor e força suficiente para perdoar os nossos agressores.

Jean concordou com a amiga, cabisbaixo. Helene fez um esforço para sorrir e completou:

— Busquemos ser felizes e servir ao próximo até o último momento, Jean Valloise. Que seja feita a vontade soberana de Deus.

capítulo 15

A QUEDA

Enquanto Valloise e Helene se defrontavam com o pavor da morte — cujo gérmen já habitava seus corpos — e lutavam para se conformar com a injusta vingança imposta por algozes sem nome, tudo parecia correr às mil maravilhas para Marianne, Terence e Horace, no sul da França.

Eles deixaram o castelo do duque de Montserrat quando os galos já anunciavam a chegada do novo dia. O céu se colorira de tons avermelhados no horizonte, emoldurando a encantadora paisagem que se abria à passagem do coche, conduzido por um cavalariço do atencioso Millet.

Dentro da cabine, os três ainda saboreavam, em silêncio, a noite vitoriosa. Permaneciam inebriados pelas comidas exóticas, as bebidas refinadas, os temperos, o clima envolvente de luxo e requinte. Marianne já se sentia uma nova Madame Villefort, a preferida dos palcos de Paris. Terence e Horace já eram mais práticos em seus sonhos: pensavam no dinheiro.

Quando chegaram ao destino, adentraram a casa de pedras cinzentas convictos de que nada alteraria o rumo de seus planos. Marianne seguiria estudando com seu mestre de música. Após o nascimento do filho, estaria pronta para as primeiras apresentações públicas. Os jornais dariam total cobertura, graças à influência carismática de Millet e ao apoio do duque de Montserrat.

O que poderia dar errado?

Marcel veio do interior da casa com uma expressão mortificada. Terence reparou que o criado, sempre tão fleumático, estava pálido, dominado pela agitação.

— Que houve, Marcel? Por que estás acordado até esta hora?

— Madame Adelaide está lá em cima — informou ele. — Descobriu nosso paradeiro e nos seguiu até aqui.

Foi como se Terence recebesse uma bofetada.

— Adelaide? Aqui?

— Eu não disse nada sobre a presença de Marianne. Mas a porta do quarto estava aberta, ela viu roupas femininas lá dentro. Está muito desconfiada. Tudo o que pude fazer foi me calar, exigir que a madame interrogasse ao senhor e não a mim.

Marianne sentiu-se atordoada. A chegada da esposa de Terence, naquele momento de tanta alegria, era algo que estava fora de tudo que poderia prever.

— Agora que ela te encontrou, vais desistir de cuidar de minha carreira, Terence? — perguntou a mocinha, sempre preocupada antes de tudo consigo mesma.

— Não há como negar que ela pode atrapalhar os nossos planos — rosnou Terence. — Acabas de ser apresentada a toda a sociedade local usando meu nome, como se tu é que fosses ela!

Marianne gelou. Como encararia a mulher que esperava lá em cima? Como explicar que sua relação com Terence era estritamente profissional? Ela jamais acreditaria!

Horace se aproximou do ombro de Terence, qual sinistra sombra, e murmurou, severo:

— Não viemos até aqui para jogar tudo para o alto. Mande-a embora! Livre-se dela, Terence. Agora mesmo! Ou será que não és homem suficiente para impor teus desejos a uma mulher?

— Vou falar com ela — disse Terence, influenciado. — Há de me obedecer, como sempre fez. Nada vai se alterar no nosso acordo, minha bela Marianne. Prometi que te faria uma musa e não descansarei enquanto não chegares lá. Vai para teu quarto e descansa. Tranca-te e não penses em aparecer, por nada neste mundo.

— Farei o que dizes. Mas, por favor, não sejas rude com ela. É tua esposa, merece uma explicação.

— E terá, meu bem. Ainda não sei qual seja, mas descobrirei em breve — respondeu o empresário, pronto para colocar em prática sua maior especialidade: mentir!

Adelaide tinha sido instalada por Marcel no quarto de hóspedes. Dormia agora, exausta que estava da viagem e da espera angustiosa pelo marido.

Por sua cabeça, passaram milhões de explicações e possibilidades para a atitude inusitada de Terence. No entanto, em todas elas, havia a sombra de uma rival. A porta do quarto ao lado estava aberta, e vira roupas femininas lá dentro. Estava sendo traída. Era esta a única certeza que possuía.

Terence entrou no quarto na ponta dos pés, e observou a esposa adormecida. Amara-a um dia. Porém jamais pelo que ela era de fato, apenas pelo que parecia: sua aparência física, suas roupas elegantes, sua bela voz. O tempo trouxe os problemas e contrariedades do dia-a-dia, três filhos mimados e rechonchudos para criar, uma inevitável decadência das formas juvenis. As velhas atitudes estudadas foram dando lugar à verdade e os dois acabaram se mostrando como no fundo eram: ela, bondosa, mas simplória, sem grandes ambições ou fantasias, amiga da vida regrada e pacata. Ele, o oposto: inescrupuloso, rebelde, orgulhoso, desejoso de uma posição mais alta e rentável no mundo da música, única paixão que ainda os unia.

O que antes chamavam amor tornou-se mera rotina, convivência forçada, educada resignação, recheada de enfado e desprezo.

Para ela, existiam, ao menos, os filhos queridos. Os três garotos tinham se tornado motivo e objetivo de sua existência, razão suficiente para a manutenção do casamento infeliz. Para ele, nem isso. Jamais tivera talento ou caráter para ser um bom pai. Suportava as crianças como suportava a esposa: como prisioneiro que busca o máximo conforto possível em uma cela de ferro, sem nunca se conformar.

Veio então o dia em que ele ouviu Marianne cantando, enquanto pendurava suas roupas lavadas no varal. Um tipo de acontecimento que transtorna a cabeça e transforma a vida de um homem sonhador como Terence du Leplage.

Para ele, Adelaide era uma página virada no romance de sua existência. Era o símbolo de tudo o que ele não mais queria: uma vida ordeira, simples, honesta e comum. Marianne, ao contrário, trazia o signo do desatino apaixonado, do desafio e da aventura. Conquistá-la e torná-la uma estrela significava o advindo de um novo Terence, renascido e pleno.

Adelaide moveu-se na cama, pressentindo a presença silenciosa do marido. Abriu os olhos e, por um segundo, sentiu-se feliz.

— Terence! Enfim te vejo! Pensei que estivesses morto!

— Estou vivo. Como foi que me encontraste?

— Eu não sabia o que fazer, não tinha para onde ir depois que tu sumiste. Então me lembrei de Juliette Durrat, a mãe de Marcel.

— É claro — rosnou ele, com ódio do cocheiro, que não devia ter contado à mãe aonde iam.

— Vais me explicar tudo, não vais? Achei que enlouqueceria quando me vi sozinha com nossos filhos.

Terence permaneceu silencioso, porém ela se sentiu na obrigação de dar notícias:

— Os meninos estão bem. Apenas saudosos de ti.

Terence não acreditou que estivessem com real saudade. Sempre fora um pai ausente. Nos poucos momentos de convivência com os filhos, era severo e, não raras vezes, cruel.

— Eu tive fortes motivos para abandonar-te e fugir de Paris — começou ele a mentir. — Fui confundido com um traidor da Revolução.

— Mas como aconteceu? Nós somos artistas, nada temos com a política.

— Por isso mesmo foi um engano! Fui miseravelmente confundido. Ou desaparecia por um tempo ou tu encontrarias minha cabeça em um canto da França e meu corpo em outro.

Adelaide fez um esforço para acreditar. Queria muito que fosse verdade.

— Se foste confundido, será fácil desfazermos o equívoco. Tens teus documentos e serei testemunha de que são legítimos. Voltemos a Paris o quanto antes, Terence! As crianças não podem passar muito tempo sem a nossa presença.

Terence não sabia o que dizer. Como poderia se livrar daquele contratempo? Que motivos daria para não ir? Como conseguir que os novos amigos de Arles não descobrissem a presença de Adelaide, destruindo com isso toda a farsa que havia armado?

Horace estava no quarto, junto com eles, acompanhando a conversa e pensando. Ele sabia que todos os seus sonhos estariam perdidos se Adelaide arrastasse Terence de volta à capital ou se surgisse na cidade, apresentando-se como Madame du Leplage. Terence e Marianne cairiam no descrédito, seriam alvo de chacota, o assunto do momento para a maledicência e o disse-que-disse popular.

“O ideal”, pensava o desencarnado, “era que essa maldita nem existisse. Quisera ter um corpo de novo para poder estrangulá-la!”.

Os olhos diáfanos do fantasma brilharam, quase se tornando visíveis na escuridão. Acabara de ter uma grande idéia. Flutuou ao rés do chão até a parede e atravessou-a, adentrando o quarto de Marianne, do outro lado.

A mocinha estava confusa e aflita. Andava de um lado para o outro e nem mesmo se despira do requintado vestido de festa. Espremia as mãos brancas e miúdas uma contra a outra, temerosa de que seu sonho de glória estivesse no fim, antes mesmo de começar. Sem o apoio de Terence, o que faria? Como teria acesso aos círculos ilustres? Como explicaria o falso testemunho quanto a seu nome e à paternidade do filho que levava no ventre? Ninguém acreditaria que se tratava de um chiste. Ela, sim, é que se tornaria motivo de chacota.

Horace encostou a ponta dos dedos impalpáveis na testa da irmã. Não podia sentir-lhe o calor do corpo, contudo julgava que assim a influenciaria com maior vigor.

— Espere que os dois saiam do quarto de Terence e se mostre. Ouça bem o que digo, Marianne: apareça, apresente-se à Madame Adelaide!

A mocinha sacudiu a cabeça, confusa. De onde lhe vinha aquela idéia estapafúrdia? Terence dissera, explicitamente, que não devia sair do quarto.

— Ouça com atenção, minha irmã — continuava o obsessor. — Teu futuro depende disto. Apresenta-te à esposa de Leplage. Conta-lhe toda a verdade. Ela vai entender que tu não agiste com má-fé. Vai compreender que só tens com Terence um acordo artístico e comercial. Será melhor assim, acredite. Duas mulheres se entendem e é certo que ela há de simpatizar contigo. Ao saber que és também casada, deixará de lado as desconfianças tolas. Tu e ela serão amigas, Marianne! Assim que eles saírem do quarto, vai ao corredor e te mostra. Obedece o que te digo!

Marianne ficou convencida de que, se conhecesse Adelaide, ajudaria a melhorar a situação. Pôs-se a escutar com atenção os ruídos ao lado para poder perceber quando saíssem.

No quarto de Terence, a conversa do casal começava a descambar para a briga. Adelaide gostaria de crer na versão do marido, mas tudo parecia tão forçado e mal contado... Se ele havia sido perseguido injustamente, não poderia ter mandado ao menos um recado? Pois se o cocheiro teve tempo de avisar à mãe para onde ia, por que ele não conseguiu informar mulher e filhos?

Porém o que mais a agoniava era o quarto que tinha visto ao lado. Vira os vestidos, uma anágua rendada sobre a cadeira... Era o quarto de uma donzela!

— Quem é a mulher que tu hospedas aí ao lado? Vais me contar ou terei que adivinhar que se trata de uma amante?

Terence riu, com falsa displicência.

— Amante? Não tenho nem nunca tive outra mulher que não a minha boa Adelaide. A moça que está instalada ao lado é uma cantora que estou a agenciar, nada mais que isso.

Os olhos de Adelaide brilharam de indignação. Finalmente, estavam chegando à verdade.

— Eu sabia! Então há mesmo outra mulher a tumultuar esta novela. Temo, infelizmente, que se trate de um folhetim barato.

— Não tires conclusões precipitadas, minha cara. Não passa de uma relação profissional. Sou empresário musical, bem o sabes.

— Claro que sei. E aposto que se trata de um talento exuberante e de grande futuro.

— Não poderias ter descrito com maior acuidade.

— É bela? — perguntou Adelaide, enciumada.

— É jovem. Nada mais.

Adelaide sentia ganas de estapear o marido.

— Jovem, nada mais... Jovem o suficiente para que tu largasses a família à míngua! Não tens a menor vergonha, Terence du Leplage, o menor caráter!

— Estás me ofendendo injustamente, minha querida. Mais tarde, com a cabeça fria, tu te arrependerás de ter me agredido.

— Quisera ser homem para agredir-te como mereces! Eu te odeio pelo que estás a fazer. Nunca foste um bom marido, mas agora estás te revelando um monstro! Confessa de uma vez! Sê corajoso e digno apenas uma vez em tua vida! É tua amante que estás a proteger, não é? Fala, homem! É tua amante?

— Não. Nada existe entre nós. Por que não te acalmas um pouco? Trarei um copo d´água para ti. Depois de algumas horas de sono, tudo parecerá mais claro e mais leve. Estás cansada, necessitas dormir.

— Não dormiremos nunca mais sob o mesmo teto, Terence! Meu asco não o permitiria. Contudo ouça o que te digo com toda atenção: não permitirei que abandones teus filhos sem apoio ou sustento. Puseste os meninos no mundo e serás eternamente responsável por eles.

— Nada lhes faltará, eu te garanto.

— Não falo só de dinheiro. Exijo que voltes a Paris.

— Não tão cedo, Adelaide. Tenho cá meus compromissos.

— Não terás depois que eu contar a todos os teus novos amigos e associados a esparrela vergonhosa que fizeste em minha vida. No que depender de mim, tua amiguinha só poderá cantar fechada no banheiro. Impedirei que siga a carreira sob tua tutela ou não me chamo Adelaide du Leplage.

Terence rangeu os dentes de ódio, mas controlou-se. Adelaide podia fazer um grande estrago de fato, se saísse pela cidade clamando aos quatro ventos que ele era um pulha sem caráter e que Marianne não passava de uma amásia, subornada pelo dinheiro e pela glória.

— Tanto rancor não te levará a nada, minha cara...

— Não viste nem uma pequena fração do meu rancor. Hei de ver-te destruído, Terence, na sarjeta, sem nada!

Dizendo isso, Adelaide saiu e bateu a porta. Terence correu atrás, na esperança de convencê-la a permanecer na casa, onde não causaria tanto estrago.

Assim que ouviu a batida da porta, Marianne seguiu os planos que Horace lhe soprara ao ouvido. Abriu a porta a tempo de se encontrar cara a cara com Adelaide, no saguão que levava à escada.

As duas ficaram imóveis por um instante, observando-se. Adelaide ficou chocada com a graça, a juventude e a beleza de Marianne, metida naquele fino vestido de festa. E Marianne ficou penalizada com o ar abatido da pobre senhora. Seus olhos eram duas manchas de maquiagem escorrida e lágrimas.

— Estás grávida... — foi tudo o que a pobre Adelaide conseguiu dizer.

— Sim — murmurou Marianne, assustada, já certa de que errara ao surgir à vista da outra. — Mas não se trata do que estás a pensar, garanto-te.

Terence havia saído após a esposa e observava a cena, aterrado. A visão da barriga de Marianne era chocante demais, devido às circunstâncias. Como explicar que o pai não era ele?

A reação de Adelaide foi de uma violência trágica. Ela se voltou para Terence com a indignação de uma Medéia traída.

— Ela está grávida! — urrou. — Por isso fugiste! Abriste mão de teus filhos pelo filho de outra! Maldito! Maldito o dia em que te conheci!

A ultrajada senhora partiu para cima de Terence com os punhos cerrados, decidida a agredi-lo. Se tivesse um punhal, sem dúvida o esfaquearia.

Ele se defendeu como pôde, assustado com a veemência do ataque. Segurou-a pelos punhos e começaram a cambalear, em desastrada luta.

Marianne gritou, mas não houve remédio. Os dois se aproximaram perigosamente da escada. Quando Adelaide unhou o rosto do empresário, como faria uma gata bravia, ele ficou cego de rancor.

Horace, que a tudo assistia com um mórbido sorriso nos lábios, encostou a mão imaterial nas costas de Terence, dando-lhe um impulso extra ao gesto violento que empreendeu. Foi um empurrão mais forte do que o devido, na intenção de afastá-la.

Adelaide deu dois passos para trás. Enfim um terceiro e fatal, que trouxe o desequilíbrio. Despencou escada abaixo, rolando com velocidade e estrondo. Não houve espaço nem mesmo para um último grito. O corpo da pobre senhora estendeu-se lá embaixo, inerte, sobre o chão de pedra.

Marianne, aflita, correu para ela. Terence, apavorado, nem se mexia. Horace observava ávido de que sua influência tivesse surtido o efeito desejado. Não demorou para que se descobrisse vitorioso.

Marianne ainda ouviu a última frase de Adelaide, sussurrada com dificuldade em seu ouvido.

— Ele vai destruir a tua vida como destruiu a minha.

Assim que Adelaide exalou o último suspiro, Marianne olhou para cima, em busca dos olhos de Terence. Mas ele já não olhava; tinha o rosto enterrado entre as mãos e derramava lágrimas amargas, em profunda comoção.

Da porta da cozinha, sério e silencioso como sempre, Marcel presenciara o crime.

Terence du Leplage era agora mais do que um homem egoísta e inescrupuloso. Era um assassino.

capítulo 16

O PACTO

Quando o sol atingiu o ponto mais alto do céu, o corpo de Adelaide du Leplage já estava depositado no fundo de uma cova rasa que Marcel cavara nos fundos da propriedade. Terence, Marianne e Horace acompanharam o trabalho em silêncio total. Mas, quando o cocheiro pôs-se a cobrir o corpo com a terra úmida e vermelha do lugar, a jovem cantora principiou a chorar.

— Que foi que fizeste, Terence? Como haveremos de agir agora?

Terence a tomou pelos braços, com firme decisão.

— Olha bem nos meus olhos, minha cara. Não tive culpa nenhuma no ocorrido e bem o sabes. Adelaide acidentou-se por conta de sua histeria; estava cega, transtornada. Foi uma triste fatalidade, nada além disto. Devemos fazer um pacto nós três: eu, tu e Marcel. Nenhum de nós viu Adelaide aqui em Arles. Nem mesmo imaginamos que ocorreu seu desenlace. Paris está presa em grande agitação, devido à revolta. Ninguém a procurará tão longe. Para todos os efeitos, nada aconteceu. Estou certo de que Marcel concorda comigo.

Marcel olhou para o patrão com desprezo, embora soubesse que, se o acusasse, acabaria sendo tomado por cúmplice. Isso se o esperto Leplage não desse um jeito de empurrar para ele, criado humilde e submisso, toda a sua culpa.

—Jamais voltarei a tocar neste assunto, patrão. Tens a minha palavra.

E, como para provar suas palavras, o cocheiro jogou mais uma pá de terra úmida sobre o túmulo.

— E quanto a teus filhos, Terence? — indagou Marianne. — Perderam a mãe. Agora, mais do que nunca, precisam de ti.

Terence sabia do paradeiro das crianças, mas fingiu ignorância.

— Adelaide disse onde ficaram os meninos, Marcel?

— Não para mim, senhor. — respondeu o criado.

"Melhor assim", pensou Terence. "Marcel não sabe que as crianças ficaram sob a guarda de sua mãe. Enquanto não retornarmos a Paris, Juliette Durrat pode muito bem manter os fedelhos. Ao menos, não morrerão de fome. O que não posso é abrir mão de meu novo destino por conta daqueles três."

—Por que te preocupas com filhos que não são teus, Marianne? —inquiriu o empresário, incisivo. —Queres cuidar dos meus meninos agora que assumiste de vez o lugar de minha esposa?

Marianne ficou chocada com a frieza que Terence demonstrava. Como podia gracejar diante de uma situação tão grave? Onde tinham ido parar as lágrimas amargas que há pouco derramava?

Eram lágrimas só de susto e de espanto, não de sentimento sincero. Por isso já estavam secas. Como é embrutecido e torpe o peito dos homens sem fé. Nos escuros recantos de sua consciência, o remorso já fora substituído por um certo alívio. Sem Adelaide por perto, tudo voltava a seus eixos: seguiria adiante com seus projetos, insuflados pela decisão cega do egoísmo.

— E então, Marianne? — insistiu ele, com veemência. — Aceitas ou não o pacto de silêncio que proponho? Ainda queres ser a diva dos palcos franceses? Ou será que preferes destruir minha vida e, em conseqüência, a tua própria? Acaso estás ciente de que foste cúmplice do triste incidente que vitimou Adelaide?

— Cúmplice? — gemeu Marianne. — Nada fiz contra ela, nem mesmo cheguei a tocá-la.

— Não creio que as autoridades tivessem uma visão muito diversa da que teve a minha finada esposa, acerca de nós dois. Tu te apresentaste à sociedade local como minha esposa, tens no ventre um filho que todos supõem ser meu, agora participas do sepultamento daquela que colocaria por terra toda a farsa que espalhaste. Coloca-te no lugar do alcaide de Arles. Ele te consideraria cúmplice neste pretenso assassinato ou não?

Marianne calou-se. Não iria destruir sua reputação por uma mulher que nem mesmo conhecia. Que ela ficasse ali, sob a terra argilosa e fértil da Provença, pacata e silenciosa como convém aos mortos.

— Será nosso segredo — cedeu a mocinha, enfim. — Agiremos como se jamais houvesse acontecido a tragédia. Nós três.

"Nós quatro", pensou Horace, protegido por seu manto de invisibilidade.

A cena daquele lúgubre enterro era vista pelo espírito obsessor de forma bem diversa da que se apresentava aos encarnados. Enquanto, para eles, a pobre Adelaide já não significava mais nada, além de uma página virada no plano da materialidade, Horace podia ver o milagre da continuidade da existência, em toda a sua pujante magnitude.

Vultos luminosos haviam rodeado o rústico sepulcro. Trabalhando em conjunto, tinham erguido em seus braços o espírito ainda anestesiado de Adelaide.

Aqueles seres de luz eram amigos espirituais, parentes já mortos e guias invisíveis, entidades que tinham ligações de respeito e afeto por aquela alma recém-separada do corpo. Vinham de diferentes planos da existência para ampará-la e guiá-la aos novos e misteriosos caminhos que deveria trilhar após sua vida na Terra.

Horace estava ofuscado pela luz daquelas presenças incorpóreas, todas bem mais depuradas e desenvolvidas do que ele. Lutava para divisar-lhes as formas e mantinha uma respeitosa e amedrontada distância.

Ele sabia que Adelaide permaneceria um tempo com a mente em suspenso, em sono reparador em prol do seu restabelecimento psicológico. Só dali a alguns dias, ou talvez semanas, é que ela abriria os olhos imateriais para a nova fase de sua jornada.

Quando isso ocorresse, havia a chance de que ela não conseguisse se desapegar dos acontecimentos pretéritos, na carne. Que ela retornasse e se agarrasse à Terra, na esperança de reparação ou de vingança para o crime de que fora vítima. Neste caso, ela se tornaria, como o próprio Horace, um espírito habitante do mais baixo plano do Umbral, morada dos espíritos perdidos, inconformados, zombeteiros e obsessores. Se isto se desse com Adelaide, Horace teria um empecilho a vencer, pois ganharia uma inimiga em condições semelhantes às suas e com poderes equivalentes. Ela se colocaria, então, contra os seus interesses e os de seus aliados.

Mas havia uma outra opção que ele considerava menos ameaçadora: Adelaide podia já possuir um adiantamento espiritual mais acentuado, a ponto de conseguir se desligar da crosta e, apesar de todos os ressentimentos, alçar vôo a mundos mais avançados da espiritualidade. De lá, segundo pensava o espectro, ela não mais os prejudicaria. Só poderia alcançá-los por meio de emanações fluídicas de perdão e amor.

Mal sabia o desgraçado espírito que as armas do amor são muito mais potentes e efetivas do que as forças maldosas e grosseiras que ele conseguia dominar. Horace ainda não tinha alcance espiritual para entender que o mal não pode ser combatido com suas próprias armas, e que a única maneira efetiva de se vencê-lo é progredir, com toda energia, na direção do bem.

Quando os seres de luz que o ofuscavam seguiram com Adelaide para uma esfera de realidade paralela, tornando-se invisíveis até para ele, que era um fantasma, sentiu-se aliviado. Neste novo orbe, ela receberia tratamento fluídico, atenção de seus pares e apoio. Talvez nunca mais retornasse a esta dimensão. Quem dera fosse assim e que ele nunca mais tivesse notícias de Adelaide. Quem dera ele e seus amigos permanecessem para sempre livres de sua influência indesejável.

Marcel bateu a pá sobre a terra molhada, selando o trabalho fúnebre, que não contou com nenhuma oração ou mesmo com um reles traço de arrependimento.

Todos voltaram para casa, certos de terem eliminado em definitivo as conseqüências do crime.

No entanto, o Altíssimo tem leis imutáveis e perfeitas. Sempre existe um efeito proporcional e inevitável a toda causa criada. Adelaide era uma alma imortal e os laços que a uniam a Terence e seus comparsas eram e continuariam sendo indissolúveis.

capítulo 17

NOVAMENTE SÓ

O sofrimento é a porta de entrada para a loucura, e foi por pouco que Jean Valloise não enlouqueceu.

A varíola, hoje em dia controlada e extinta da face do planeta, era então cruel em sua ânsia de morte. Valia-se da rápida consumação pela febre nos primeiros dois dias. Em seguida, surgiam pequenas feridas purulentas nas mãos, pés e axilas. As manchas se avermelhavam no terceiro dia e, qual rastilho de pólvora, espalhavam-se pelo resto do corpo, com uma uniformidade impressionante, uma exatidão matemática inesperada, em conjunção com a fatalidade cega. Logo, todo o corpo do doente estava tomado pelas pústulas.

No quarto dia, vinham delírios e fortes dores musculares, impossibilitando que o empestado se erguesse do leito. A fraqueza se acentuava com o escurecimento das lesões, de onde advinha a alcunha "negra" que se dera àquela praga.

Ao final de seis ou sete dias, o doente se tornava irreconhecível: rosto e extremidades inchados pela retenção de líquido, dores abdominais e diarréia incontrolável, cefaléia constante e uma confusão mental quase completa.

Poucos ultrapassavam o sétimo dia. A peste, fulminante, devastadora, ceifava as vidas em um átimo, qual terçado a sulcar o capim pela raiz.

Os desígnios de Deus são obscuros aos habitantes da Terra. Quão grande é o sofrimento diante de uma doença incurável ou de uma calamidade natural. Presos à visão limitada da vida presente, custamos a compreender que existem mecanismos eternos e grandiosos da criação, nos quais a morte não passa de portal aberto ao espírito para novos caminhos e tarefas. Como se ameniza a sensação de injustiça e crueldade quando nos certificamos, no Além, de que a vida é única, sim, mas eterna. E que os tristes momentos de dor não passam de fugazes instantes diante da grandiosidade da estrada, sempre aberta ao crescimento espiritual.

Enquanto tal visão ampliada não chega, a violência de uma praga como a que se abatia sobre a Europa na época enoja e revolta, faz duvidar da justiça sempre certa do Criador. É árduo compreender por que alguns seres de imensa bondade e retidão são levados, enquanto o torpe beberrão, o ladrão desleal que rapina, a prostituta perdida e desesperançada são, tantas vezes, poupados. A lógica oculta nesta aparente confusão só se descortina após o túmulo, com a visão distanciada proporcionada pela Eternidade. Em verdade, ninguém "foi salvo", ninguém "morreu". Os que chamamos vivos ou mortos estão sempre vivos e, diante deste fato, a aparente injustiça se desvanece. O que ocorre, simplesmente, é que se abrem caminhos diversos para uns e outros; cada ser tem seu tempo e seu trajeto próprio na luta pela perfeição.

Como consolo para os encarnados, muitas vezes também se salvam os bons, dentro desta aparente insensatez que governa o plano terreno. Espíritos mais avançados permanecem no planeta quando têm missões a cumprir, ainda não plenamente realizadas.

Foi o que sucedeu a Jean Valloise.

Embora desejasse, sinceramente, trocar de lugar com os dois amigos condenados, permaneceu completamente imune à insidiosa doença. Em seu corpo, a peste não encontrou terreno para se desenvolver. Arrasado, assistiu à decadência e à morte de seus melhores amigos, os dois seres que o ampararam quando mais precisou.

Andrés partiu primeiro, recoberto pelas pústulas, silencioso e puro como fora na vida. Helene só seguiu o filho dois dias depois, agarrada à sua Bíblia e a uma imagem de Nossa Senhora, a caridosa e gentil mãe do Redentor.

Jean atravessou esta semana fatal, que mais se lhe assemelhou a um pesadelo, dedicando todos os seus esforços para cuidar e dar conforto aos enfermos. Banhava-os, alimentava-os e os cercava de carinhos e de preces. Ele, que antes não se apegava à fé, agarrava-se agora ao amor do Cristo. Nele se fiava, ciente de que era só o que restava como consolo em meio a tanto dissabor.

A imunidade que o protegia parecia-lhe mais castigo do que bênção. Que horror ver partirem os companheiros, sem poder impedir o fato ou, ao menos, acompanhá-los na jornada.

O que mais irritava o pobre Valloise era sua impotência diante do transtorno. Sua mãe não dissera que seria ainda um curador? Um grande médico com poderes para afastar doenças e restabelecer o equilíbrio saudável do corpo? Por que não já? Por que ainda não conseguia realizar tal feito anunciado?

Sem saber ao certo como proceder, Valloise esticava os braços sobre os alquebrados e queridos amigos, como vira realizar Helene. Com as mãos espalmadas, lutava para transmitir-lhes doses de saúde e de conforto, com firme concentração. Contudo a peste vencia, com grande folga, as suas investidas naquele misterioso campo das energias invisíveis.

Mal sabia ele que os passes magnéticos que aplicava surtiam, sim, um efeito curador: traziam mais coragem e tranqüilidade aos doentes, amenizando com isto o medo inevitável na proximidade do adeus à carne.

Silenciosa, Helene sentia as benesses doadas pelo amigo e, em seu desprendimento e generosidade, também por ele rezava.

Jean sentia-se um perdedor, mas o fato é que tinha dado um grande passo na direção de sua missão de vida. A peste tinha se tornado sua mais valorosa inimiga, impulso e incentivo para lutar e crescer.

Na manhã em que enterrou Andrés, Valloise jurou a si mesmo que aprenderia a lidar com doenças como aquela. Um dia, não perderia mais os doentes com tanta facilidade para a praga. Aprenderia a curar como exortara sua mãe. Então seria de fato um curador, um guerreiro de espada em punho contra a varíola negra. Uma espada forjada de fé, coragem, perseverança e amor.

Quando voltou ao casebre, após o enterro de Andrés, Jean se aproximou do leito de Helene. A amiga adormecida estava macérrima e alquebrada. Seu rosto doce e querido, abatido pela dor, mostrava-se coberto pelas assustadoras marcas da doença.

Frágil como uma criança, Jean sentou-se à beira do leito e chorou. Porém sua comoção já não era mais fruto da raiva ou do inconformismo. Ele estava decidido a aceitar a misteriosa vontade de Deus e adequar sua vida a ela. Chorava comovido, com o peito repleto de admiração e gratidão que sentia por Helene Duchamp.

Foi quando a gentil amiga se moveu no leito.

— Jean... — murmurou ela, com um fio de voz.

Ele chegou mais perto da inválida.

— Queres água? — perguntou, pousando a mão sobre a fronte que queimava em febre.

— Não. Só quero que me escutes — esforçou-se Helene, lutando por ser coerente e clara pela derradeira vez. — Tens um caminho a percorrer daqui para frente, uma missão a cumprir, bem o sabes.

— Eu sei. Mas queria já ter chegado a tal objetivo. Se já fosse um curador, como minha mãe predisse, podia ter salvo Andrés. E talvez te salvasse também.

— Tudo tem seu tempo. Primeiro precisas aprender e crescer. Um dia, hás de vencer a força maligna de doenças como esta. Não só através da fé, mas também da ciência. São duas potências que devem andar juntas, qual irmãs. São dois pilares contíguos do conhecimento.

— Hei de compreender a ligação oculta entre essas forças. Voltarei a estudar, conforme me foi aconselhado.

— Para isto, precisas deixar esta vila atrasada e retornar a Paris. Tem um carregamento de morangos na carroça. Valerá algum dinheiro no mercado. É todo teu, assim como a propriedade. Vende tudo pelo melhor valor que conseguires.

— Nem sei como te agradecer.

— Também encontrarás uma pequena soma guardada sob a lareira. Alguns luíses que guardei para um momento como este. É pouco, Jean, mas, somando tudo, deves conseguir te manter por alguns meses. Usa essas economias com responsabilidade e sabedoria.

A voz de Helene fraquejou, embora ela empreendesse um último esforço para encadear as idéias:

— Agora és meu único herdeiro, Jean Valloise. Conto contigo para continuares a obra que iniciei.

— De que obra estás falando?

— Da que se constrói com o coração: a obra da fraternidade, da solidariedade e do amor.

Após dizer essas santas e sábias palavras, Helene pediu a Bíblia e a imagem da Virgem Imaculada para abraçar, logo caindo em sono profundo. Nunca mais acordou neste mundo. Partira para planos mais elevados da realidade, com sua fé e sua mensagem de contínua perseverança na direção do bem.

capítulo 18

CAMINHOS QUE SE SEPARAM, CAMINHOS QUE SE CRUZAM

Conforme dissera Helene, Jean encontrou, sob um fundo falso no piso da lareira, um vaso de barro, onde estavam guardadas algumas moedas. Ele costurou a modesta quantia em um fundo falso, dentro da calça e, depois de depositar flores silvestres nos túmulos dos dois amigos recém-sepultados, partiu para o vilarejo próximo, conduzindo a carroça de morangos.

Ao chegar ao movimentado mercado de víveres que abastecia a região, perguntou a uma gorda matrona, dona de uma banca de frutas, se ela se interessava pela carga. A mulher fez uma oferta, mas, ao saber que as frutas provinham das terras de Helene Duchamp, modificou seu comportamento visivelmente, fechando a cara.

— Não faço negócio com gente daquela espécie. Sei que foi a bruxaria que deixou esses morangos tão vermelhos. Ficarão mofados assim que tu partires.

Jean preferiu não discutir. Percebeu que não venderia nada por ali, citando o nome da amiga. Foi até uma outra barraca e tentou fazer negócio omitindo a procedência das frutas. O dono apreciou a aparência da carga e, após barganhar um pouco, arrematou o carregamento inteiro.

A animação com a venda da safra durou pouco porque Jean compreendeu, em seguida, que não seria tão fácil assim passar adiante a propriedade e o campo de cultivo. Alguns se arrepiavam só de ouvir a menção ao nome Duchamp, acusando injustamente a boa senhora de paganismo, práticas mágicas e sinistras associações com as forças do demônio. Outros temiam os resquícios da peste, que acreditavam ainda entranhada nas paredes humildes do casebre de Helene e na própria terra por ela cultivada. Uma mistura de medo, preconceito e raiva.

Valloise chegou a pensar que a venda não se realizaria nunca. Já estava a caminho da carroça que estacionara perto da ruela do mercado, quando viu uma figura conhecida, carregando uma sacola de legumes. Era a bela moça ruiva que conhecera na noite da reunião promovida por Helene.

A donzela também o viu e se aproximou, com cordialidade.

— Fiquei sabendo da tragédia — contou ela, depois que se cumprimentaram. — Nem imaginas o quanto chorei por Helene e Andrés. Sigo rezando por eles o tempo todo.

A moça se calou e Jean notou que enrubescia, visivelmente envergonhada.

— Eu quis fazer uma visita, levar um presente, uma palavra de conforto... Mas meus pais me impediram. Temiam pela minha saúde.

— E estavam certos. A doença que acometeu Helene e Andrés é traiçoeira. Escapei porque Deus assim o quis, e concordo com a atitude dos que se mantiveram distantes. Temos que ter respeito à vida, antes de tudo.

A conversa prosseguiu e Jean ficou sabendo que a garota se chamava Celeste. Ela o convidou para uma visita à sua casa naquela noite. Disse que ele seria bem-recebido e que, juntos, poderiam suportar melhor o triste desenlace dos amigos queridos. Estava certa de que os pais aprovariam.

Jean agradeceu o convite e contou a respeito de sua intenção de seguir a Paris para estudar. Também dividiu com a nova amiga a dificuldade que estava enfrentando quanto à venda das terras de Helene.

O rosto sardento de Celeste se iluminou, com um franco sorriso.

— Meu pai é lavrador. Não temos muito dinheiro, mas talvez ele se interesse por novas terras.

— Se tiveres a bondade de lhe oferecer negócio, ficarei muito grato.

— Insisto para que nos visites. Meus pais temeram que eu me expusesse à influência maligna da peste, mas eram sinceros amigos de Helene Duchamp. Certa vez, ela salvou a vida de minha mãe, após um acidente ocorrido no cocho. Caiu-lhe uma pesada acha de lenha sobre a perna e a ferida supurou. As ervas caseiras não faziam efeito e ela foi logo dominada pela febre. Se não fosse Helene, com suas rezas e suas mãos abençoadas, ela não estaria mais no mundo para confirmar esta história.

— Quisera ter podido salvar Helene de forma semelhante... — confessou Jean, com dolorosa inflexão.

Alguns dos mercadores estavam começando a reparar na conversa do jovem casal. Celeste percebeu e se sentiu intimidada.

— Tenho que ir agora. As pessoas deste lugar se preocupam mais com a vida do próximo do que com a própria. Moro depois da ponte de pedra, onde começam as amoreiras. É uma casa pintada de verde. Avisarei a meus pais que tu irás jantar.

Jean não teve alternativa senão aceitar o convite.

Celeste acenou discretamente, cobriu os cabelos cor de fogo com um lenço e partiu.

Às sete horas da noite, Jean prendeu o cavalinho Belenus à beira da estrada. Deixou-o ali pastando e seguiu em direção à humilde casinha da família de Celeste Laurent.

Foi calorosamente recebido pelos pais da moça que, de fato, tinham grande apreço por Helene. Sobre a mesa, um queijo de cabra, um pão de centeio, uma garrafa de vinho, pequeno agrado para a visita antes da refeição principal.

Jean agradeceu a hospitalidade com timidez, pois não tinha noções de etiqueta ou traquejo social. Felizmente, estava diante de pessoas tão simples quanto ele. E, sendo assim, logo se sentiu em casa.

O pai de Celeste, Philippe Laurent, e a mãe, Eve, contaram histórias de Helene, com saudosa consideração. Conheciam a gentil amiga desde a juventude e jamais olvidaram a cura que acontecera por seu intermédio, já narrada naquela tarde por Celeste.

Jean acomodara-se em uma cadeira de palha, com seu copo de vinho, e estranhou a leve excitação que sentia. Estava aflito por um motivo ainda indefinido, que logo compreendeu. Ocorre que, desde que chegara à casa, Celeste não se mostrara.

Assim que a mocinha adentrou a sala, com a beleza luminosa de seus dezessete anos, Jean compreendeu o motivo da demora. Ela tinha se arrumado, com bom gosto e cuidado, especialmente para vê-lo.

Valloise não pôde deixar de se sentir admirado com os muitos encantos da jovem. Ela trajava com graça um vestido azul, bem fechado, quase severo, com discretos enfeites de renda nas mangas e no colarinho. Trazia os cabelos vermelhos amarrados numa longa trança e o rosto formoso estava simplesmente radiante.

Achou-a atraente e delicada. Veio-lhe à mente, contudo, a imediata lembrança de Marianne. Inconsciente das atitudes perversas da esposa, o honesto ferreiro julgava-se obrigado à fidelidade e ao respeito conjugal. Talvez, em outra situação, sua ligação com Celeste pudesse progredir para uma amizade mais íntima, até para um namoro. Mas o destino é um senhor implacável em suas maquinações e decidiu que Celeste não era a mulher certa para Jean, nem ele para ela. Dentro de alguns anos, ela encontraria um definitivo e verdadeiro amor que lhe traria muita alegria. Era apenas questão de tempo. Restava esperar.

Quanto a ele, seu coração estava embotado pela certeza de que já havia encontrado sua companheira de jornada, sua alma irmã, merecedora de todo o seu carinho.

Como estava enganado! Tristemente atado a um amor infeliz, a uma moça que não o merecia e que tripudiava sobre sua tamanha e sincera dedicação.

Talvez um dia Jean descobrisse o equívoco. Talvez conseguisse se livrar da cegueira provocada por este falso amor e encontrasse um par que se lhe afinasse de fato. Mas, no momento, só existia Marianne em sua mente, em infeliz e intensa fixação.

O jantar transcorreu abençoado pelo clima de franqueza e amizade. Philippe adquiriu as terras de Helene por uma quantia justa. Agora Valloise possuía o suficiente para voltar a Paris e recomeçar a sua vida.

Na manhã do dia seguinte, ele já partia, montado no fiel cavalinho Belenus, levando a roupa do corpo, a modesta quantia que arrecadara e o principal: um coração cheio de esperança.

Celeste foi até a ponte para se despedir do amigo e desejar-lhe sucesso.

Quando ele sumiu na curva da estrada, os olhos dela brilharam com uma ponta de dor, mas depois de esperança. Nada poderia mudar o fato de que ela e o belo Valloise tinham caminhos diferentes a seguir. Porém algo dizia, lá no fundo do seu peito, que ainda se encontrariam no futuro.

São mistérios desta vida, tão rica de surpresas e reviravoltas.

capítulo 19

A CONTENDA

A agitação política que tomara conta das ruas de Paris permanecia intensa. O poder estava provisoriamente nas mãos de uma Assembléia Constituinte que, desde sua formação, apresentava-se dividida entre ideais parlamentares, para alguns, e republicanos, para outros. Tal cisão resultaria em ainda mais conflitos sangrentos ao longo dos próximos anos, mas, por ora, os deputados que representavam as classes comerciantes e operárias estavam unidos, dando um importante passo na história da legalidade e da justiça social.

Jean Valloise encontrava, assim, uma Paris totalmente nova.

Qual recipiente de experiências químicas, nas quais a combinação de elementos diversos provoca diferentes reações, a Cidade das Luzes atravessava agora a fase das explosões violentas, da fumaça intoxicante e das descargas energéticas intensas, mas tudo em prol da síntese de um produto novo: uma sociedade humana melhor e depurada.

Quando passou a perambular pelas ruas dentro dos limites da cidade, Valloise foi abordado por garotos que distribuíam panfletos de propaganda, com palavras de ordem acerca da liberdade, a maioria deles favoráveis ao ideal republicano.

O ferreiro também pôde testemunhar duas manifestações artísticas que ocorriam ao ar livre. Eram apresentações de grupos musicais, formados por corais e banda, que tocavam marchas, em ritmo de fanfarra militar, exaltando a bravura do povo francês e a fé na fraternidade universal.

A simplicidade e a força das letras tocaram Valloise. Falavam de uma Terra onde todos viveriam irmanados, aliados por ideais comuns; de uma nova época onde não haveria mais injustiça e onde a paz triunfaria.

Mal sabia ele que a simplicidade daqueles hinos escondia idéias de grande profundidade intelectual, advindas de pensadores e filósofos dos séculos pregressos. Homens como Rousseau, Kant, Diderot, Voltaire e Montesquieu tinham sua parcela de responsabilidade sobre aquela manifestação artística popular, menos singela do que se poderia supor a princípio.

Valloise também não percebia a existência de um outro aspecto, bem menos nobre, oculto sob a beleza das canções: elas perpetuavam vícios arraigados, sobretudo o estímulo ao fanatismo e à intolerância. Até as palavras de ordem que combatem injustiças e preconceitos se tornam injustas e preconceituosas quando são impostas.

O povo sofrera demais, durante muito tempo. Por trás do ideal de Igualdade, permanecia o sentimento de rancor perante as diferenças, o ódio pelos cortesãos endinheirados, o ressentimento que incentiva a revanche. Às costas da exortação à Fraternidade, estava ainda a vontade de apartar e destruir o diverso, a ânsia cega por reparação às ofensas do passado, a descrença de que houvesse uma real irmandade entre os homens. No seio da palavra Liberdade, permanecia o ranço da antiga ordem, o aprisionamento ao velho mundo de escravidão, sempre dividido entre os que lideram e os que se curvam.

As belas cantigas da Revolução, que ressoavam pelas ruas de Paris, ainda insistiam em ocultar sementes de violência. Latentes, mas prontas para de novo explodir.

O mundo estava — e, infelizmente, permanece — distante de alcançar plenamente o que os ideais de então pregavam. Estávamos falando de paz, mas fazendo guerra. Dizendo "amor" e cuspindo sangue.

Finalmente, depois de dois dias e noites de estafante jornada, Jean apeou do cavalo diante de sua antiga propriedade.

Quase nada havia restado da construção. O fogo transformara o local em um aglomerado de pedras e cinzas.

A vida de Jean assemelhava-se agora àquela árida ruína. Não restavam marcas ou pistas que o ajudassem a reconstruir suas lembranças. A primeira parte de sua vida tinha se encerrado ali. Sua juventude se fora com aquele incêndio cruel.

As lágrimas vieram a seus olhos. Pensava na mulher e no filho, que deveria nascer em breve. Será possível que Deus não o deixaria conhecer seu herdeiro? O que será que fizera para merecer tanta dor?

Jean virou as costas para as ruínas de seu passado. Apeou o cavalo e seguiu adiante, compreendendo que não existia mais volta.

Valloise não sabia onde dormiria aquela noite ou o que faria no dia seguinte. Sentia-se perdido e melancólico. Atravessou algumas ruas do centro da cidade, na direção da catedral de Notre-Dame e, quando deu por si, estava diante de um imponente prédio de contornos medievais, longas pilastras, com sisudos capitéis, e inúmeras vidraças.

Tratava-se da conceituada Faculdade de Medicina de Paris, um dos principais pólos do conhecimento científico europeu, desde sua fundação no obscuro século XIII.

Ele admirou a fachada do edifício, intimidado diante de sua sóbria respeitabilidade. Como sua mãe podia imaginá-lo subindo aquelas escadas de mármore? Aqueles degraus não tinham sido feitos para pés como os dele, homem simples e sem cultura. Nem mesmo teria coragem de adentrar aquele templo de refinamento e sabedoria.

Ele amarrou o pangaré Belenus à sombra de uma nogueira e caminhou a esmo em frente do prédio majestoso. Logo passou por um grupo de jovens estudantes que gazeteavam as aulas. Carregavam livros envolvidos por cintas de couro, à moda da época. Seus trajes de veludo e brocado impressionavam pelo luxo, e as alvas perucas cacheadas, presas em rabos de cavalo com laços negros, eram de extrema elegância.

Esses rapazes eram representantes da nova burguesia em expansão, filhos dos comerciantes abastados e sedentos por poder político. Cresceram à sombra de famílias batalhadoras, mas orgulhosas — uma reação ao comportamento soberbo da nobreza, agora abalada pela Revolução. Eram freqüentadores da noite parisiense que começava a desabrochar em todo seu esplendor. Iam a tabernas e ao teatro, onde faziam sucesso as peças de Racine, Corneille e, acima de tudo, Moliére, com sua ágil e mordaz crítica aos costumes. Também apreciavam a ópera ligeira e, claro, os fervilhantes cabarés. Estudavam os grandes pensadores da época, com sincera predileção por Voltaire. Gostavam de Shakespeare e recitavam os sonetos de Petrarca. A cultura greco-romana era o ápice da elegância neste período, hoje nomeado iluminista. Para estudar na faculdade, tinham por obrigação o conhecimento do latim e ao menos um verniz de quem já visitara os diálogos de Platão.

Ao cruzar com Valloise, o grupo de janotas o observou de alto a baixo, reparando em suas roupas humildes e soltando risinhos desdenhosos. Jean percebeu que era o alvo da galhofa e se sentiu humilhado. Não queria nem podia estudar ao lado daqueles ricaços soberbos e empoados.

Ao dobrar a esquina, Jean se chocou, desavisadamente, com outro desses espécimes, que corria ao encontro do grupo que passara. Era um rapaz forte, espadaúdo, com profundos olhos negros e maxilar agressivo. Tratava-se de Gustav Hermés, um notório boa-vida e fanfarrão.

O choque foi forte e o rico estudante deixou cair o estojo de madrepérola onde guardava seu tinteiro e suas penas de ganso. Irritado, ele o abriu, certificando-se de que o frasco não se quebrara. Em seguida, dirigiu a Jean um impropério nada amistoso.

— Sinto muito — redargüiu Valloise. — Não vi que tu vinhas em meu caminho.

— Aqui não é lugar para mendigos — provocou o rapagão. — Por que não ficas no pátio dos cavalariços, que é o local certo para gente da tua laia?

— Não sou cavalariço — respondeu Jean, inocente.

— E o que és, então? Um parvo, por certo! — retrucou o outro, provocativo.

Nesta altura, os outros estudantes já tinham se aproximado para observar a contenda. Jean estava mais envergonhado do que irritado. Sentia-se diminuído dentro de suas vestes simples de trabalhador.

— Nada mais posso fazer, além de pedir desculpas. Permita que eu siga meu caminho.

— Quem deu o direito de te dirigires a mim na segunda pessoa? — tornou o outro, agressivo. — Para gentalha do teu tipo, sou senhor e não tu. Pede desculpas, anda! Dize que sentes muito! Estou esperando!

Jean viu-se ferido em sua dignidade e não obedeceu.

— Já me desculpei o quanto basta. Agora se me deres licença...

— Espera! — disse o grandalhão, pressionando Jean contra a parede com uma das mãos. — Ainda não terminamos por cá. Hei de ouvir-te dizer o que ordenei. E agora! Fala assim: "Peço perdão, meu senhor". Caso contrário, pagarás pela ousadia.

Os outros jovens já tinham rodeado a dupla e, como é próprio dos tolos que andam em grupos, na ilusão de que isso os fortalece, acharam divertido atear fogo à disputa.

— Vai, Gustav! — incentivou um, de peruca mais longa e cacheada. — Desce-lhe logo um sopapo na orelha!

— Arrasta o verme para a sarjeta de onde veio! — rosnou outro, com lustrosa cinta de cetim rosado.

Jean Valloise não sabia o que fazer. Não gostava de brigas, porém não era homem de suportar desaforos sem resposta à altura.

— É melhor que tires a mão de cima de mim, antes que te arrependas — ameaçou.

O rapagão riu, sem a menor consideração, e cerrou o punho direito, mirando o rosto de Valloise.

No alto do edifício, de uma das muitas janelas, o sisudo professor Pierre Radamel, mestre dos mais respeitados da faculdade, observava a cena. Estava acostumado às arruaças dos jovens pupilos, mas era homem de caráter justo e odiava a fanfarronice estéril e a violência. Gostaria de intervir na baderna, mas estava muito distante.

Quando Jean levou o primeiro soco, a cegueira da raiva o dominou de imediato. Retribuiu o golpe e, graças à força que acumulara em anos de labuta na bigorna, derrubou o grande Gustav Hermés sem dificuldade. O briguento estudante desabou pesadamente, esparramando o corpanzil sobre a calçada de paralelepípedos, com um fino filete de sangue a lhe escorrer do canto dos lábios.

— Eu não queria ter feito isso! — gritou Jean, assustado. — Fui provocado, bem o viram!

Mas os outros estudantes já estavam totalmente dominados pelo desejo de revanche. Partiram todos ao mesmo tempo para cima do pobre Valloise.

Lá do alto, o professor Radamel viu que teria que intervir a qualquer custo. Pôs-se a descer as longas escadarias do edifício o mais rápido que os seus cinqüenta e três anos permitiam.

Enquanto Jean era atacado impiedosamente, defendendo-se o melhor que podia, Gustav Hermés voltou do desmaio. Ali do chão, ele viu a cena covarde a que o rival era submetido. Algo então se modificou em seu íntimo.

Embora jovem e destemido, Hermés era rapaz de índole correta. Às vezes escorregava na boa educação que recebera, porém tinha princípios. Em um átimo, ele se arrependeu da arruaça que armara, apenas para se vangloriar diante dos amigos. O rapaz que estava sendo acuado ali na esquina nada lhe fizera de mal, nem de longe merecia tal constrangimento.

Hermés pôs-se de pé em um salto:

— Parem com isso, covardes! São cinco contra um!

— De que reclamas? — perguntou um dos agressores. — Estamos a te defender!

— Ninguém pediu tal ajuda. Deixem o homem em paz!

O grupo não deu atenção aos seus apelos e Hermés não teve outra saída senão usar seus braços fortes para afastá-los. Retornou à briga, mas, desta vez, do lado de Valloise.

Jean não entendeu de imediato por que seu primeiro agressor tinha se bandeado para o seu time. E muito menos os outros rapazes.

— Que se passa contigo, Hermés? — perguntou um deles. — Enlouqueceste? Este pé-rapado acaba de botá-lo por terra e, agora, tu o defendes?

— Ele estava em falta comigo — retrucou o grandalhão —, não convosco! Não sou homem que precise de um bando de aliados para resolver minhas intrigas.

Mas os apelos de Gustav Hermés não surtiram resultado. Estavam todos envolvidos pela paixão da disputa. Já tinham levado alguns tabefes de Jean, que apenas continuava a se defender, e agora queriam vê-lo alquebrado.

— Chega dessa baderna! — insistiu Hermés, atirando dois dos lutadores para cima de uma moita em um único gesto. — Entrei nesta sozinho e sozinho quero sair.

Então ele se dirigiu a Jean, que já se safava melhor dos golpes graças à sua ajuda.

— Como te chamas, rapaz?

— Jean Valloise — respondeu o ferreiro.

— Bates bem com a esquerda — reconheceu Hermés, sentindo o queixo ainda a latejar. — É a primeira vez que me derrubam.

— Teria sido mais fácil se tivesses aceitado logo as minhas desculpas.

— É fato — reconheceu o musculoso Hermés. — Mas aí não teríamos tanta diversão.

O diálogo não pôde prosseguir porque um dos agressores, o antipático e empertigado du Morency, acertou a orelha de Hermés com sua pilha de livros.

— Arreda, moleirão! Se és covarde, não o somos. Deixa-nos acabar de vez com a questão!

O golpe enfureceu de vez o avantajado estudante e um novo assalto da luta se iniciou.

Alguns socos bem dados, um bom chute no traseiro de du Morancy e, em pouco tempo, Hermés e Jean já confirmavam uma franca liderança, mesmo contra cinco opositores. Eram mais vigorosos e rápidos, e botaram dois dos rivais, já cansados de apanhar, para correr.

A refrega prosseguiria ainda contra os três restantes, não fosse a chegada do respeitável professor Radamel ao local.

O mestre, de longas barbas brancas e colete azul-escuro, estava ofegante da descida.

— Basta! — berrou, com autoridade. — Ponho todos agora mesmo diante do diretor!

Foi como água na fervura. Todos os estudantes tinham profundo respeito, e, mais do que isso, verdadeiro amor pelo sábio e carismático Radamel. No entanto, pouca simpatia pelo severo diretor da instituição. A luta arrefeceu de imediato.

Em breve, todos estavam de volta a suas classes, depois de passarem pela devida reprimenda. Só restaram na rua o bondoso professor, Valloise e Hermés, iniciador do incidente.

— Creio que uma carta a teus pais há de esfriar tua valentia, meu caro Gustav.

Hermés tinha as orelhas baixas, tal qual um burro molhado.

— Por favor, professor Radamel, meus pais não me perdoariam. Eles relutaram tanto para bancar minha estada aqui em Paris... Se acharem que não estou à altura do favor, podem me obrigar a voltar a Nantes. Imploro ao senhor que releve a minha falta.

— Que pensa o senhor Valloise, que foi o primeiro a ser agredido, como bem testemunhei lá do meu gabinete?

— Penso que o senhor pode esquecer o que viu. Não é do meu agrado prejudicar ninguém.

Radamel gostou da atitude de Jean. É sempre bela e louvável a capacidade desperta para o perdão.

— Quero crer, então, que os senhores já acertaram suas arestas? — quis garantir o professor.

— Por mim, estamos quites — confirmou Hermés. — E, para assegurar que estamos em paz, ofereço ao senhor Valloise um almoço. Há de funcionar como justa reparação, eu espero.

Jean abriu um sorriso sincero.

— Nem imaginas o quanto. Há dois dias não como nada que preste, além de queijo e pão velho.

— Então estamos acertados. Conheço uma excelente taberna perto daqui e, a esta altura, minha aula já está perdida.

Para selar a nova amizade, que começava de modo tão original, os dois rapazes apertaram-se as mãos, satisfeitos. Radamel calou-se, mantendo seu ar de severidade. Mas, por dentro, sorria, aprovando o epílogo feliz a coroar o conturbado episódio.

capítulo 20

NOITES DE PARIS

Almoçar com Gustav Hermés foi para Valloise uma curiosa diversão.

Os dois tinham a mesma idade, vinte e três anos, e uma índole semelhante: bondosa e justa. Diferiam em inúmeros detalhes, porém tais diferenças, em vez de afastá-los, atraía-os ainda mais.

Hermés era um rapaz acostumado à riqueza e ao luxo. Fora bastante mimado pelos pais na infância, contudo possuía temperamento independente e prezava, acima de tudo, sua liberdade.

Na juventude, começou a fazer seus planos para deixar a pequena cidade de Nantes e se aventurar pela modernidade atraente de Paris. Finalmente conseguiu convencer os pais, superprotetores e amorosos, que desejava se tornar um cirurgião. Isso não era bem verdade. O que ele almejava de fato era a franca alegria dos cafés e das tabernas da capital; o contato com os muitos artistas, principalmente pintores e escritores, que pululavam pela cidade; o encanto das mulheres elegantes dos salões burgueses; e, por que não dizer, a ousadia das moças de moralidade duvidosa que freqüentavam os *cabarets.*

Amigo da mesa farta e dos bons vinhos, o grandalhão Hermés era uma companhia viva e calorosa. Falava alto, ria ruidosamente, gostava de ver e ser visto. Bonito e extrovertido, acumulava conquistas amorosas e brigas. Tinha uma fila de admiradoras, outra de amigos sinceros e outra, não desprezível, de desafetos. Embora jovem e destemido, ele não era desprovido de inteligência e cultura, graças à sua curiosidade e sensibilidade natural. Era, como tantos jovens, uma jóia em estado bruto, sem grande profundidade intelectual, mas também sem superficialidade excessiva. Sua maior preocupação, nesta fase de sua vida, era a diversão, o encantamento, a farra inocente e aventureira. Comportamento não necessariamente condenável, diga-se de passagem, pois que a bondade não tem a obrigação de ser sisuda ou compenetrada para ser de fato boa. Gustav era daquelas criaturas que carregam consigo a generosa e pronta disposição para a felicidade, acolhendo a todos com um sorriso. O tipo de gente que desperta inveja em alguns, mas que atrai, em geral, o afeto e a estima em retribuição a seu bom humor.

Entre suas deficiências, destacavam-se o excesso de vaidade e a presunção pueril. Embora não fosse nada que chegasse a macular a confiança que ele inspirava.

Com seu temperamento mais retraído, seu ar sério e silencioso, Jean Valloise não deixou de encontrar no novo amigo as inúmeras qualidades que, de longe, compensavam estes pequenos defeitos. De sua parte, Hermés gostou de conhecer aquele rapaz humilde, que lhe transmitia maturidade, força espiritual e seriedade. Confiou em Jean desde o primeiro dia de contato e o elegeu, em pouco tempo, como seu mais caro confidente e amigo.

Ao ouvir as aventuras de Valloise, emocionou-se e se compadeceu. Por comparação, pôde perceber o quanto era abençoado e feliz: fora brindado com conforto, portas abertas, desejos satisfeitos, boas amizades, pais extremosos e confortável irresponsabilidade juvenil. Sentia-se quase um garoto diante daquele homem de mãos calejadas e coração ferido, atirado pela vida em um rodamoinho de perdas e decepções.

Ao saber que Jean possuía dinheiro para se manter por alguns meses, Hermés arquitetou um plano para ajudá-lo. Era uma atitude piedosa de sua parte, sem dúvida, mas não deixava de guardar um lado prático, um interesse mundano bem próprio de sua natureza.

Ele estava vivendo em uma simpática e confortável habitação, em um prédio às margens do rio Marne, perto de alguns dos cafés e teatros de *vaudeville* que ele tanto apreciava. Seus pais mandavam-lhe uma mesada para custear o aluguel e os estudos, sobrando pouco para a diversão. Austeros que eram, eles imaginavam o filho metido apenas nos livros e não na fervilhante boêmia parisiense, que abertamente desaprovavam.

Excessivamente amigo das noitadas e das mulheres, o jovem penava para administrar seus parcos recursos. Se Valloise dividisse com ele o aluguel, esse dinheiro extra poderia ser revertido para o que mais prezava, que era a baderna. Tal possibilidade o deliciava.

Do ponto de vista de Jean, o negócio também era vantajoso. Pelo preço que pagaria por um quarto em uma pensão de segunda, ficaria hospedado em local aprazível, com linda vista e excelente companhia.

Foi sem dificuldade que fecharam negócio.

Dividir o apartamento com Gustav Hermés foi o início de uma convivência importante, que Valloise queria logo transformar em parceria. Ele não havia esquecido seu desejo de estudar medicina como o companheiro e, em seus sonhos, já o considerava colega de estudos e de trabalho.

Não que Hermés estudasse muito...

A vida na nova casa mostrou-se divertida e agitada, sob a influência efusiva daquele *bon vivant*. Ele não conseguia ficar parado e vivia cercado de inúmeros parceiros de farra. Sempre havia uma festa para ir, uma estréia teatral para prestigiar, uma roda de jogo até a madrugada ou uma esticada em um café da moda, para ver o movimento. O ritmo normal da vida de um jovem rico e bem situado na agitada Paris do fim do século XVIII. Só que o dinheiro de Jean só poderia bancar aquele ritmo de vida por pouquíssimo tempo. E isso o deixava profundamente ansioso.

Na primeira vez que ele contou a Hermés sobre seus planos de também se tornar doutor em Medicina, o outro riu.

— Mas tu não és ferreiro? Não há perigo de quereres martelar o doente em vez de cortá-lo?

O gracejo do amigo não irritou Valloise. Ele bem sabia que não tinha o tipo certo para a pomposa Faculdade de Medicina de Paris. Era diferente demais dos colegas de seu companheiro de moradia. Mas seu objetivo não podia ser negligenciado por conta de aparências e, de tanto ele insistir, Hermés notou que falava sério.

— Tu nem sabes latim, Valloise. É o mínimo exigido para que ingresses no curso.

— Tudo se aprende nesta vida, desde que se queira de verdade. Tu poderias me ensinar.

— Não olhes para mim. Meu latim mal chega para repetir as orações matinais. Os mestres só me aturam devido a meu sobrenome, podes acreditar.

— Acharei um professor decente — afirmou Jean. — Que mais consideras necessário para que eu estude?

— Sabes ler e escrever com fluência?

Valloise não se fez de rogado:

— Sou ferreiro, contudo não nasci de uma fornalha. Meus pais liam bem e me ensinaram as letras. Quanto a escrever, não tenho muita prática, mas também estudarei.

Hermés riu, divertido.

— És teimoso como teu pangaré Belenus, meu caro Valloise. Por que não arrumas um emprego e esqueces essa quimera de te tornares doutor?

— Serei médico, meu caro! — retrucou Valloise com segurança. — Quer tu me ajudes, quer não.

Hermés observou o rosto do amigo com afeto. Apreciava sua coragem e determinação. Se um dia Jean alcançasse seu objetivo, ficaria orgulhoso por ter ajudado de algum modo. Todos gostam de dar força àqueles que demonstram fé e perseverança em seus objetivos.

— Pouco posso fazer pessoalmente para que te aceitem naquelas classes de ricaços preconceituosos. Mas há um homem que te pode ajudar. Tu o conheceste quando nos vimos pela primeira vez.

— De quem falas? Daquele professor que nos apartou a briga?

— Exatamente. O velho Radamel.

— Tu me recomendarias a ele? — perguntou Jean, animado.

— Com o maior prazer. Será a chance ideal para que eu possa rever sua encantadora filha.

Valloise riu.

— Tu e tuas conquistas...

— Não! Neste caso é diferente! Falo de amor! Claire Radamel é a mais perfeita e formosa rapariga que estes olhos já tiveram o prazer de admirar...

E, neste ponto, Hermés assumiu um ar sonhador:

— Quando tiveres tua palestra com o professor, aproveitarei o ensejo para oferecer meus respeitos àquele anjo!

— E eu te serei muito grato por isso.

— Temos, entretanto, um grave problema! Não poderás chegar à casa de Radamel vestido com essas calças de caçar caranguejo. O homem é um gênio, merece um mínimo de consideração!

Jean olhou para as próprias calças, entre envergonhado e divertido.

— Sei que não estou propriamente na moda, mas não precisas exagerar.

— É por conta disto que as donzelas não reparam em ti quando saímos. Tu tens um bom porte, meu amigo. Se estiveres disposto a gastar alguns cobres, transformar-te-ei em verdadeiro gentil-homem.

Jean riu da patuscada. Embora tivesse uma elegância natural, não possuía vaidade, não era de sua índole preocupar-se com futilidades desta ordem. Mas a mente do vaidoso Hermés já voava alto, fazendo seus planos:

— Umas rendas no peitilho, uma peruca nova e bem laçada, um colete de bom gosto, umas vestes de veludo e uma boa capa. É tudo de que precisas para começar. Sem esquecer, é claro, de um par de botas. Estas parecem ter vindo da expedição de descoberta das Américas.

Naquela noite, os dois amigos saíram para visitar um famoso *cabaret*, onde eram apresentados shows de dança e ligeiros números teatrais. Jean Valloise parecia outro homem. Metido nos trajes de um burguês bem nascido da época, chamou a atenção das mocinhas que freqüentavam o local.

Embora estivesse longe de ser um mestre da sedução e da conquista, tinha agora uma aparência atraente. Hermés fizera com que barbeasse o rosto e só lhe restavam um fino bigode e uma mosquinha sob o lábio inferior, à moda dos mosqueteiros. O cabelo negro também fora aparado, permanecendo comprido e brilhante, no entanto, e terminando em cachos, atados com um laço de cetim cinzento. A peruca, negara-se a usar. Chegou até a tentar, mas sentiu-se tão estranho diante do espelho que a atirou a um canto. Jamais se acostumaria àquele enfeite.

No cabaré, o clima era de festa e alegria. A juventude cantava os hinos da Revolução, aproveitando tudo o que a vida tem de leve e despretensioso.

Como é próprio dos que carecem da experiência só trazida pela idade, os clientes da casa tinham o costume de abusar pesadamente do champanhe e do vinho. E, à meia-noite, Hermés e Valloise estavam mais altos do que a torre de Notre-Dame. O grandalhão já tinha uma cocote de cabelos loiros e impressionantes olhos cor de violeta sentada em seu colo. Jurava-lhe amor eterno com uma voz tão enrolada que a mocinha mal o compreendia, rindo sem cessar.

Jean, com seu ar compenetrado e contido, chamara a atenção de uma morena miúda, de expressivos olhos castanhos, chamada Hermíone. Ela sentara-se ao seu lado e fumava um cigarrilha, presa a uma longa piteira de casco de tartaruga.

— De onde é que tu vens, que nunca te vi aqui? — perguntou a dama.

— Sou daqui mesmo de Paris — respondeu ele, sem muito interesse.

— Também serás cirurgião, como Gustav?

— Assim espero.

— Dizem que os médicos ganham um bom dinheiro. Se procuras uma esposa econômica e bela, já podes encerrar tua busca por aqui mesmo — disse ela, charmosa, oferecendo-lhe a mãozinha branca sobre a mesa.

— Já sou casado — respondeu Jean, com franqueza. — Sinto muito.

Dito isso, levantou-se, cansado da pândega. Atirou umas moedas sobre a mesa e, após rápida despedida, retirou-se.

— Que deu em teu amigo? — perguntou Hermíone ao ébrio Hermés. — Disse-lhe alguma coisa errada?

— Não te irrites com ele, meu bem — respondeu o rapagão. — Jean não é muito chegado à esbórnia. Mas é excelente companheiro.

Quando retornou ao apartamento, às margens do Marne, Gustav Hermés cambaleava, ainda sob os efeitos de sua divertida noitada. Foi a custo que introduziu a chave no buraco da fechadura e entrou. Surpreendeu-se por ver que Jean o esperava acordado.

— Perdeste o sono, meu bom ferreiro? Arrependido por ter dispensado a doce Hermíone? — gracejou, com seu riso desabrido.

— Estou cansado de só me divertir, enquanto o tempo voa. Não foi para isso que retornei a Paris. Cumprirás o que me prometeste?

— Falas de quê?

— De Radamel. Vais me apresentar a ele, como disseste? Os dias passam e me sinto cada vez mais atrasado diante de tudo que tenho a realizar.

— És um rapaz engraçado — disse Hermés, livrando-se do peitilho de renda que lhe apertava o pescoço. — Achei que querias descansar dos muitos males que viveste antes de te atirares ao estudo e à responsabilidade.

— Estás enganado. Aprecio a tua companhia e agradeço por teres me levado a conhecer as noites de Paris. Porém não posso deixar de lado o meu destino. Enquanto me concentro no vinho, sinto minha vida estagnada ali, no fundo do copo.

Hermés encarou o amigo, com respeito e afeto.

— Pois está muito bem. Se desejas a rigidez dos livros em lugar da diversão, quem sou eu para te barrar o caminho? Não faltarei ao que combinamos. Amanhã mesmo, faremos uma visita a Pierre Radamel.

Jean agradeceu e, naquela noite, adormeceu sorrindo. Sentia que estava próximo de dar mais um passo na direção do seu destino.

capítulo 21

CLAIRE

A manhã chegou. A luz da estrela fulgurante inundou os campos, ruas e construções da romântica Paris. O majestoso Sena corria caudaloso, salpicado de cintilações doiradas. Era a aurora da esperança para Jean Valloise, o início de um dos dias mais marcantes de sua peregrinação sobre a Terra.

O bom Hermés empetecara-se inteiro diante do espelho, com direito a peruca nova e pó-de-arroz. Estava ansioso como o amigo, embora não pensasse no encontro com o mestre Radamel, e sim com sua filha, a delicada e belíssima Claire.

Os dois companheiros tomaram um rápido desjejum e saíram para a visita às nove da manhã, seguindo em um coche em direção à Rue de la Concorde, onde habitava o professor.

Ao tocarem a sineta da porta, Jean sentia as mãos suadas e frias, tomado pela expectativa e por uma certa vergonha de se expor. Ainda mais como requerente de algo tão difícil de ser acatado.

Quem abriu a pesada porta de carvalho foi um miúdo criado, de sobrancelhas grossas e longas suíças a lhe emoldurarem o rosto.

Conhecido que era da casa, Hermés foi logo introduzido com Jean ao saguão, sob um pesado candeeiro de ferro, enegrecido pela banha de baleia, que era utilizada então como combustível para atear fogo aos lampiões.

O criado deixou os dois aguardando e adentrou as dependências internas da alva e estóica moradia do mestre. Logo retornou e introduziu os jovens à sala principal, local de comportada elegância que deixou Valloise se sentindo um estrangeiro em terra nova. Estava intimidado com os móveis elegantes, os tapetes de harmoniosas cores e os inúmeros quadros na parede, algo que considerou de uma elegância e riqueza impressionantes. Na verdade, era a habitação comum de um homem bem situado e respeitável à época, extremamente diferente das casas paupérrimas do populacho.

Sentados em um sofá de veludo azul-marinho, os dois amigos permaneciam silenciosos, na expectativa. O tempo parecia congelado no relógio e os cinco minutos de espera foram, para Jean, uma amostra da eternidade.

Finalmente, a porta se abriu para a entrada do gentil, mas compenetrado mestre.

As mesuras de Hermés foram imitadas por Valloise e logo estavam acomodados de novo, sob o olhar inquiridor de Pierre Radamel.

— Em que posso ser útil aos senhores? Espero que não seja uma palestra muito longa, pois tenho um compromisso na faculdade dentro de poucas horas.

— Seremos econômicos, professor. Venho apresentar ao senhor este cavalheiro: Jean Valloise.

O professor Radamel mediu Jean por um instante.

— Já não nos conhecemos?

Ao saber que se tratava do jovem com quem Hermés se engalfinhara diante da faculdade, semanas antes, sorriu.

— Vejo que aquela briga acabou se tornando o início de uma boa amizade. Foi Hermés quem te aconselhou esta troca radical de guarda-roupa, por certo.

Valloise concordou, constrangido. Ainda não se sentia à vontade nos trajes galantes que Hermés lhe forçara a comprar.

O criado ressurgiu com uma bandeja, servindo pequenos cálices de licor de cereja. Enquanto sorviam suas doses, os três homens começaram a se entender. Hermés contou parte das desventuras de Jean e ele cuidou de detalhá-las, com seu jeito franco e direto de se expressar.

— Sou um homem de origem humilde, como o senhor pode ver. Sofri, nos últimos tempos, dolorosas perdas. E, se retorno a esta cidade, é em nome de um sonho do qual não posso me furtar.

— Desejas um emprego, por certo — arriscou Radamel. — Mas não sou eu quem cuida das nomeações dos funcionários da faculdade.

— Não se trata de emprego, senhor. Desejo estudar. Quero me tornar um médico.

Radamel franziu o cenho, preocupado. Como poderia indicar um ferreiro para o curso de Medicina mais conceituado da França?

— Sei que parece absurdo, mestre Radamel. Porém a minha felicidade depende desta chance. Nada sei de latim e escrevo e leio francês sem grande fluência. No entanto, o senhor verá que superarei minhas limitações graças ao mais concentrado esforço. Ninguém deseja se aplicar nos estudos mais do que eu.

— Posso garantir que decisão e força de vontade Valloise tem de sobra — ajudou o bom Hermés.

— Impossível! — sentenciou Radamel. — Não posso incluir em nossas classes um homem que nem ao menos domina o latim.

Jean recebeu a recusa com aguda decepção.

— Mas... — continuou o professor, admirado com o caráter voluntarioso daquele rude trabalhador — Se tu estiveres disposto a aprender a nossa língua mãe e concordares em ter algumas aulas particulares para aperfeiçoar teus dotes de escrita e leitura, em um ano ou dois posso permitir teu ingresso na academia. Desde, é claro, que te saias bem ao longo deste período inicial.

O rosto de Jean se iluminou.

— Se o senhor concordar em me ajudar desta forma, jamais poderei retribuir à altura.

— É o que pensas. Começarás a retribuir muito em breve, se entrarmos em acordo.

O justo e sensato professor tinha um plano e o expôs então em detalhes. Além de ministrar suas aulas na faculdade, ele dirigia um grande hospital no centro da cidade. O corpo de funcionários da instituição era grande, mas, devido ao número imenso de doentes — a maioria padecendo os horrores da varíola negra —, havia sempre lugar para novos braços.

Havia também, ao lado do hospital, um orfanato, igualmente dirigido pelo sábio doutor. Como a praga ceifava, em sua fúria cega, a vida de inúmeros adultos, o número de órfãos que surgiam a cada dia era algo assustador. Além de cuidar dos enfermos, o admirável Radamel dava assistência às crianças que sobravam desamparadas neste mundo, atoladas no caos da tristeza e da precisão.

Caso concordasse, Valloise poderia se tornar servente das duas instituições: o hospital e o orfanato. Ele lavaria o chão, daria banho nos doentes, varreria o pátio, seria o que chamamos um "pau para toda obra". Realizando tal trabalho duro — e também perigoso, graças à exposição aos eflúvios da praga —, Jean poderia observar o trabalho de Radamel e dos outros médicos, já se inteirando dos percalços da profissão que alimentava seus sonhos.

Aprendendo com a prática, em um ou dois anos, poderia se tornar um enfermeiro. E, assim que seus estudos permitissem, ingressaria no curso oficial.

Jean não tinha palavras para agradecer. Hermés, ao seu lado, também se sentia emocionado com a generosidade do professor.

Helene Duchamp estava ali, presente em forma de luz fulgurante, inacessível aos olhos humanos. Silenciosamente, ela ajudava o professor a ter uma visão clara das qualidades de Valloise. Desde seu desencarne, ela se tornara uma amorosa alma guardiã, rodeando Jean, por seu próprio merecimento, com uma aura que inspirava afeto e confiança.

— E então, meu jovem? — perguntou Radamel, com um sorriso encorajador. — Aceitas o trabalho? O salário é baixo, mas creio que será um bom passo na direção de teus nobres objetivos.

Os olhos de Jean brilhavam de alegria.

— Ter a chance de trabalhar perto do senhor vale mais do que todo o ouro do mundo. Serei eternamente grato.

— Muito bem. Serás então servente das duas instituições durante o dia. E, embora seja cansativo, estudarás à noite. Eu te darei aulas às terças e quintas. E minha filha Claire te ensinará latim às segundas e quartas. É uma boa moça e estou certo de que concordará.

Hermés sentiu-se incomodado com esta última parte do acordo. Não passara pela sua cabeça aproximar o amigo do objeto de seus afetos. Mas, por respeito ao professor, calou-se.

Radamel mandou chamar a filha, que logo se apresentou.

Quando a donzela adentrou a sala, Jean e Hermés se levantaram para os cumprimentos.

Hermés sentiu-se tímido por uns segundos, porém logo se encheu dos elegantes floreios e rapapés que o caracterizavam.

Já Valloise... Para este foi como se o céu tivesse se aberto. Ficou atordoado, pois o que seus olhos viam não era uma moça como as outras, mas um anjo resplandecente de doçura e beleza. A presença de Claire trazia-lhe o encanto mágico de outras esferas, era um bálsamo que, por sua simples presença, curava dúvidas e dores.

Pela primeira vez na vida, Jean sentiu-se na presença do verdadeiro e imortal sentimento de amor. Algo incomparavelmente mais intenso do que tudo que jamais sentira, inclusive quando comparado ao afeto que nutria pela esposa desaparecida, Marianne.

Claire Radamel tinha cabelos castanhos e anelados, olhos da cor do mel trespassado pelos raios do sol, faces rosadas e um sorriso de imensa ternura. A pele branca e lisa expressava com perfeição sua alma bondosa e plácida. Dos lábios de rosa, subia-lhe a voz mais gentil e graciosa.

Bastou um olhar, um único e rápido olhar que resumia o infinito, e uma revolução se instalou no coração do jovem ferreiro, mais intensa do que aquela que assolava o país.

A moça, por sua vez, também não permaneceu imune à intensidade daquele encontro. Quando seus olhos encontraram os de Jean, fatos passados correram céleres nos recantos ocultos de sua mente e de seu coração. Não era o impacto de um novo conhecimento, mas o de uma comovente recordação.

Embora não pudesse compreender o que sentia pelos caminhos da razão, encontrava em seu peito a alegria imensa, infinita, de poder revê-lo depois de anos, depois de vidas!

Enfim estavam frente a frente de novo, Claire e Jean Valloise: a expressão mais pura e ardente de um amor juvenil que se diria nascido "à primeira vista", embora ocultasse, nas fímbrias profundas de suas almas, um sentimento antiqüíssimo, sofrido, distante, magoado pelo aguilhão da separação e da saudade.

Toda esta emoção se condensou em fração de segundo, em um olhar, em um aperto de mão.

Mas foi o suficiente para que Hermés reparasse. O olhar trocado pelos dois incomodou-o, enchendo-o de ciúmes.

— Esta manhã tornou-se ainda mais clara e perfeita — recitou ele — graças à tua presença encantadora, gentil Claire.

Claire respirou fundo, atordoada que permanecia diante de Jean.

— Sempre galante, o meu caro amigo Gustav — conseguiu dizer.

O professor Radamel pediu que a filha amada se sentasse e incentivou Jean a relatar novamente suas desventuras.

Valloise o fez com compungida timidez. Pela primeira vez em sua vida, sentia-se constrangido por saber que não escaparia à obrigação de citar Marianne.

Ao ouvir que poderia ser professora de latim daquele misterioso e atraente jovem, Claire sentiu o coração enternecido. Mas, ao descobrir que ele era casado e que ansiava reencontrar mulher e filho, seu rosto se ensombreceu.

A felicidade parecera-lhe tão próxima por um momento e, agora, já se evadira para tão longe...

Seria então professora daquele moço e nada mais? Conseguiria lutar contra a força do sentimento que julgava ter ali nascido, mas que, diante da eternidade do espírito, apenas se reacendia?

Só o futuro diria.

O amor pairava sobre a cena, sussurrando as mais ternas promessas. Mas a moralidade e a razão diziam: jamais!

capítulo 22

O FILHO DE JEAN

Valloise chegou à moradia que dividia com Hermés ainda abalado pelo encontro com Claire. Algo se modificara profundamente em seu íntimo. Ele, que antes se sentia tão perdido e sozinho, reencontrara na visão daquela bela mulher um sentido pleno e emocionante para a sua existência. Claire Radamel era o amor personificado, a essência da partilha e da união, a luz a guiar os passos ao longo de uma senda de escuridão.

A alegria diante do novo emprego, oferecido por Pierre Radamel, somava-se àquela sensação benfazeja, e nosso jovem Jean estava enlevado, em verdadeiro êxtase.

Tal alegria não passou despercebida a Hermés.

— Alcançaste uma grande vitória, meu caro ferreiro.

— Graças à tua ajuda, amigo. Jamais esquecerei.

— Também reparei como olhaste para a minha Claire — e Hermés ressaltou este "minha" com marcante inflexão. — Notei que tua admiração transcendeu a simpatia.

Jean não queria magoar o companheiro e negou, veemente.

— De forma alguma! Considerei-a gentil e atraente, não nego. No entanto, meu respeito por ela e pelos sentimentos que tu lhe dedicas são profundos. Não tens com que te preocupar.

— Assim espero. Há muitas mulheres na França para que estiques teus olhos justo na direção daquela que ainda será minha esposa.

Jean sobressaltou-se.

— É tão sério assim?

— Mais sério impossível, meu caro. E o professor Radamel, embora não tenhamos conversado explicitamente sobre o assunto, apoiará com prazer o meu desejo. Sou um bom rapaz, como sabes. Provenho de uma família bem situada... E Claire gosta de mim!

— Por certo que gosta — concordou Jean, amargurado. — Tu não tens por que ter ciúmes de mim. És meu amigo, Hermés. Eu não te trairia.

— É bom que penses assim. Vais ter aulas de latim com a minha bela namorada — em seu ímpeto possessivo, Hermés já a qualificava assim —, e juro que jamais te perdoarei se te interpuseres a nós. Eu bem reparei como tu a olhaste, Jean. Não negues!

— Nada tens a temer, eu insisto. Mudemos de assunto e não nos agastemos com algo que não passa de uma fantasia desse teu coração galanteador. Além do mais, caro Hermés... Sou casado! Mesmo que quisesse, não poderia ser o travo a amargar tua doce esperança.

Hermés deu-se por satisfeito e encerrou o assunto. Gostava de Valloise; confiava em sua dignidade.

Quanto a Jean, foi como se uma gota de veneno tivesse sido derramada no cálice de sua paz.

Enquanto isso, no sul da França, a bela Marianne já superara totalmente o trauma causado pelo assassínio de Adelaide du

Leplage. A cova, nos fundos da propriedade, estava fechada, e, para Marianne, aquilo era o fim de tudo. O que de fato estava fechado era o acesso à piedade e à culpa, em sua mente e em seu coração.

Diante da sociedade local, ela já se acostumara com o novo personagem que vestira. Tinha orgulho de andar pela cidade de braço dado com seu elegante protetor. Também lhe agradava o seu novo nome: Marianne du Leplage. Parecia-lhe sonoro e requintado.

Terence gastava seus cobres à larga para mimoseá-la com todo tipo de futilidades. Sabia que os bens materiais a tornavam cada vez mais dócil e sua docilidade era tudo que queria. Enquanto a mocinha aproveitava do seu dinheiro, sentia-se cada vez mais dono de seus pensamentos e vontades.

As aulas que ela tinha com o afetado Millet haviam sido interrompidas na última semana por um motivo que o alarmava por um lado e, por outro, o confortava: Marianne estava à beira de dar à luz. A qualquer momento, chegaria o rebento esperado.

Sua alegria advinha do fato de que seria ainda mais senhor da pupila, após o parto. Teria, quer Marianne quisesse, quer não, um domínio que, além da alma, estender-se-ia enfim ao seu tão atraente e jovem corpo.

A angústia que, por outro lado, nutria tinha um nome: Valloise. Detestava saber que aquele filho, que exigiria tantos cuidados e desvelos maternos, era de outro. Antes mesmo de seu nascimento, detestava-o. Enxergava nele a sombra perigosa e inimiga do homem honesto que traíra e roubara.

A madrugada chegou, silenciosa e fria, e Marianne pôs-se a sentir as dores e contrações freqüentes, anunciadoras do parto.

O silencioso Marcel foi enviado às pressas à cidade, atrás de uma parteira, enquanto Terence mantinha-se ao lado do leito, solícito e terno, qual marido prestativo que fingia ser.

No recinto, também estava o espírito Horace, este sinceramente interessado no bem-estar da irmã e do rebento. Embora embrutecido e torpe, Horace tinha alguma simpatia por crianças. Era um apreço imaturo e displicente, é verdade, mas considerável a ponto de emocioná-lo.

Ele, que jamais tivera um filho, solitário que fora durante toda a vida, ganharia enfim um sobrinho.

— Hei de vê-lo feliz — pensava o espectro. — No mínimo, terá um bom tio a protegê-lo. Antes mesmo do seu nascimento, já provei ser o mais solícito dos parentes! Furtei-lhe o desgosto de nascer à míngua, no chão sujo de uma ferraria, e proporcionei-lhe todo este conforto e requinte. Até mesmo um pai rico eu lhe arranjei.

Olhou então para Terence com seriedade.

— Este glutão barbudo tratará bem dele ou há de se ver comigo! Dar-lhe-á tudo o que eu e Marianne jamais tivemos: educação, carinho, atenção... Ai de Leplage se furtar o que quer que seja ao bem-estar do meu sobrinho!

O rudimentar instinto paterno que se imiscuía no coração de Horace era um laivo de bondade em um lodaçal de maus sentimentos. Era como a luz de um vaga-lume contra a profunda negritude da madrugada. Mas não deixava de ser luz: uma luz advinda de um plano ainda mais profundo de invisibilidade do que aquele que habitava.

Ocorre que há espíritos, como o próprio Horace, com a capacidade de influenciar os encarnados. São entidades que podem ajudar e inspirar ou confundir e punir. Contudo, mesmo entre desencarnados como ele, nos planos mais sutis da existência, existem diversos graus de materialidade e pureza, tangibilidade e invisibilidade. Estes graus são determinados por diferentes estágios de perfeição, que ditam a afinidade que existe entre os espíritos: a sua sintonia.

O plano que um espírito habita pulula de outros de sua estirpe. Mas há seres de outros orbes que podem estar presentes, ainda que imperceptíveis para os desencarnados daquele grau. Graças a esta progressão, tanto evolutiva quanto involutiva, desencarnados podem sofrer, como os homens da Terra, os tormentos da obsessão. Assim como podem ser auxiliados por luminosos companheiros, advindos de esferas elevadas.

Por graça de Deus, que a nenhum filho abandona e que a todos quer ver crescer, Horace estava recebendo a muda influência de um espírito bondoso, que recebera por missão ampará-lo e guiá-lo na direção do bom caminho.

Tratava-se de Adelaide, a falecida mulher de Terence.

Ela também estava ali, observando o trabalho de parto daquela que fora sua rival na Terra. Graças a seu coração compassivo, Adelaide não estava interessada em vingança. Desejava, sim, reparação, porém pelos caminhos da justiça e da paz.

Incapaz de influenciar Marianne ou Terence, donos de corações por demais endurecidos e egoístas, ela escolhera Horace como protegido. Sabia que se tratava de um espírito amargurado, vicioso e sofrido. Mas acreditava na sua recuperação e, com a bênção dos benfeitores espirituais que a receberam após a morte, tomara a peito a missão de ajudá-lo.

Naquele momento, aplicava-lhe um passe, e era por conta desta doce e caridosa energia que Horace descobria, na negritude pétrea do seu coração, aquele espaço de ternura para receber com apreço o bebê que estava para nascer.

A parteira chegou, apressada, e se fechou no quarto com Marianne, enquanto Terence, mais amargurado do que aflito, foi fumar seus charutos na biblioteca.

Após os sofrimentos normais do parto, veio à luz o pequeno Rénine. Era um bebê belo e saudável, com cabelos e olhos bem negros, muito semelhantes aos do pai.

Seu choro invadiu a casa e Terence subiu, às pressas, para conhecer a criança. Encontrou Marianne abraçada ao filho, com o rosto coberto de lágrimas, vivenciando a forte e inevitável força da ligação materna.

Horace, sempre à espreita, media o pequenino infante com orgulho, desejoso de que ele se desenvolvesse "esperto e forte como o tio".

Adelaide também permanecia no quarto. Rodeada por sua luz de imaculada alvura, ela orou ao Altíssimo pela saúde e pela felicidade da criança.

Terence não compartilhava nenhuma daquelas boas intenções. Olhava para o recém-nascido com frieza e desamor. Já tinha decidido registrá-lo com seu nome — ele seria legalmente Rénine du Leplage —, embora o fizesse apenas para agradar Marianne e poder dar o passo final no caminho de conquistá-la. O fato de não ser seu filho legítimo o fustigava. Observava aquele pequeno e inocente ser nos braços da mãe e tudo o que via era a sombra do homem que ela ainda dizia amar.

Terence odiou Rénine da mesma forma que odiava Valloise: desde o primeiro instante.

Adelaide podia sentir a pulsação daquele deplorável sentimento e o lamentava profundamente. Se Terence não conseguira amar nem mesmo os próprios filhos, que dizer de um filho alheio? Jamais se afeiçoaria a ele.

Ela sentiu muita pena do bebê. Sabia que, dali em diante, a pobre criança estaria entregue, como cordeiro, às mãos de um lobo.

capítulo 23

TRÊS ÓRFÃOS

Deixando a casa de Terence, o bondoso espírito Adelaide percorreu em segundos a distância que separava Arles do humilde subúrbio de Paris onde seus filhos haviam sido abandonados.

Os pequenos Gerard, Luc e François continuavam sob a guarda da caridosa Juliette Durrat, mãe do cocheiro Marcel, e não havia um dia, desde que recobrara a consciência no outro lado da vida, que Adelaide não os visitasse para conferir-lhes o bem-estar.

Juliette cuidara daquelas três crianças com desvelo, como se fossem suas. Dera-lhes todo o necessário do pouco que tinha: alimentara-as, banhara-as, estivera com elas a cada choro saudoso, nervosas que estavam diante da ausência dos pais.

Estava apreensiva, pois mais de um mês se passara e nada de Adelaide e Terence voltarem. Não recebera nenhuma carta, nenhuma notícia.

As crianças, que inicialmente aceitaram aquela estadia como se passassem férias no campo, começavam a se mostrar cada vez mais inseguras e ansiosas, temerosas de terem sido abandonadas para sempre.

Juliette confiava que uma mãe como Adelaide jamais faria tal monstruosidade. Se ainda não voltara, devia ser por conta de algum sério impedimento. Gostaria de compreender a situação, mas, quanto mais pensava, mais obscura e misteriosa ela lhe parecia.

Dos três meninos, o mais velho e consciente era Gerard. Beirava os dez anos e agia como um carinhoso líder dos irmãos menores: Luc, com sete, e François, o caçula, com quatro.

Maduro para sua pouca idade, Gerard conversava com Juliette quando Adelaide adentrou o humilde casebre, volitando suavemente sobre o chão de terra batida.

— Temo que meus pais estejam mortos — dizia o pequeno, em baixo tom de voz, para que sua aflição não chegasse aos ouvidos dos irmãos, que brincavam no quarto.

Juliette admirou-se com a certeza que ele imprimiu à frase.

— Não deves dizer tal coisa. Eles voltarão em breve para buscá-los.

— Há semanas que tu repetes isso. Eu sinto que eles estão mortos. Minha mãe jamais nos deixaria sós por tanto tempo, sem nem ao menos mandar um recado.

Adelaide, que se postara ao lado de seu primogênito, sentiu uma intensa comoção diante de suas palavras. Gerard estava certo. Ela morrera de fato e o pai... era como se estivesse morto. De certa forma, morrera ainda mais profundamente do que ela. Porque a morte física separa apenas de um ponto de vista superficial. O que separa de fato, e até para sempre, é a falta de amor.

A verdade é que os três estavam órfãos.

Tudo o que Adelaide podia fazer agora era ampará-los como guardiã impalpável, por eles orando e envolvendo-os em suas emanações de afeto.

— Que pensas que devo fazer, pequeno Gerard? Tens alguma idéia? — perguntou Juliette, que já percebera no menino a sensatez e a inteligência de um espírito bem mais velho do que o corpo que o revestia.

— Não sei ao certo — redargüiu o belo garoto, de olhos azuis e face rosada. — Creio que teremos que ir atrás de minha mãe e caçar notícias sobre ela.

Juliette vivia na mais completa pobreza. Mas era rica de amigos nas vizinhanças, prontos a ajudá-la. Ela visitou um desses vizinhos, expôs o problema e perguntou se ele concordaria em ceder seu cavalo e sua carroça, em troca da vaca e das galinhas que possuía. O amigo teria direito a tudo que os animais produzissem até que ela retornasse de viagem e pudessem desfazer a troca.

O vizinho aceitou o acordo de imediato.

Na manhã seguinte, antes mesmo de o sol nascer, Juliette partia com os pequenos du Leplage. Dentro da carroça, algumas mantas para protegê-los do frio e uma cesta de pães, frutas e queijos para saciar a fome ao longo das estradas. No coração, o medo de enfrentar uma viagem perigosa, sem a companhia de um homem que os protegesse.

Na espiritualidade, Adelaide também estava aflita. Sua aguda intuição lhe dizia que algo haveria de dar errado em tal jornada.

Ao cruzar um desfiladeiro, a caminho de uma das estradas principais que levavam ao sul do país, a carroça foi abordada por um bando de assaltantes. Suas roupas imundas, mas coloridas, seus cabelos ocultos por lenços encarnados, seus ostensivos brincos de argola e suas longas botinas indicavam que se tratava de um grupo de zíngaros, ou ciganos, como se costuma dizer. Nesta época, eles infestavam o interior da França, e muitos pereceram na solidão das estradas, graças a seus ataques sanguinários.

Desta vez não foi diferente. O bando era composto por seis homens e o líder nem ao menos perguntou o que Juliette levava na boléia da carroça. Interessado na carga, voou sobre a pobre senhora com um punhal e, antes que ela pudesse emitir um som, seccionou-lhe a garganta.

Os comparsas correram a abrir o toldo. E qual não foi seu espanto ao ver os três garotos assustados ali atrás, um abraçado ao outro, em busca de apoio e proteção.

— Três meninos! — gritou Sandor, um cigano grande, de barba negra e espetada, com pesado brinco de ouro em uma das orelhas.

— Não tem dinheiro escondido? — perguntou o chefe.

Sandor vasculhou rapidamente a carroça, espalhando as frutas e pães pelo soalho.

— Nada que preste! Nem um tostão!

— Vamos levar o cavalo e a carroça — ordenou o que liderava o bando.

— E que fazemos com os moleques?

— Mate os três! — sentenciou o líder, insensível.

O corpulento barbudo foi se aproximando para cumprir a ordem. Gerard abraçou os irmãos com força, na tentativa de aliviar-lhes o intenso pavor.

Adelaide, que acompanhava todo o assalto, apavorada, pôs-se diante do bruto cigano, como se pudesse, de alguma forma, impedir-lhe os gestos cruéis. Mas ele atravessou seu corpo impalpável como se estivesse andando por entre a névoa e continuou seguindo na direção das crianças.

Quando ele puxou seu punhal prateado e reluzente, uma ponta de caridade brilhou em seu peito, porém.

— Hanuf! — gritou ele para o chefe. — Posso ficar com os pirralhos para mim?

— E para que queres esses moleques? — perguntou o comandante.

— Podem render um bom dinheiro com esmolas, na cidade. Principalmente o menorzinho.

— E quem há de cuidar deles? Serão mais três bocas para alimentar.

— Eu mesmo cuido. Eles têm cara de meninos ricos. Com farrapos miseráveis para emoldurar esses olhos azuis, darão pena até em mim! Vão arrecadar dinheiro suficiente para alimentar o bando inteiro.

Os outros ciganos riram, concordando.

— Fica então com os fedelhos! Pendura os três em teu colar! Que me importa? — autorizou o líder.

Sandor voltou-se para os meninos e piscou. Chegou até a ensaiar um arremedo de sorriso.

— Obrigado — murmurou Gerard, ainda agarrado aos irmãos. — Muito obrigado.

Encerrada a questão, o líder apeou do cavalo e deu ordem para que voltassem ao acampamento, levando a carroça.

Adelaide viu seus pequenos e adorados filhos sendo levados para o esconderijo daquela corja de bandidos. Estava transtornada pela aflição.

capítulo 24

TORTURA

Chegou o outono e as árvores enfeitaram as ruas de Paris com extensos tapetes de folhas avermelhadas, os galhos nus erguidos, como a querer abraçar o sol distante.

Jean Valloise aprendia, a cada dia, uma nova lição. Com aplicação e respeito, assimilava os novos conhecimentos como preciosidades de valor incalculável. Ele compreendia que, nesta vida, pouco valem os bens materiais. O que permanece é o que se aprende e o que se sente. O saber e o ser, nunca o possuir.

No hospital, ele era de um zelo extremo com a limpeza e a ordem. Ciente de que a sujidade é companheira das infecções, organizava um rodízio das roupas de cama, esfregava diligentemente o piso, areava as panelas e pratos do refeitório, fazia o possível para deixar o local, que abrigava tantos doentes, um ambiente são.

O professor Radamel reparava no esforço de seu pupilo e se admirava cada vez mais de sua tenaz força de vontade. Sempre que podia, chamava Jean para lhe mostrar algum caso clínico, iniciando-o nos segredos do diagnóstico e da cura. Valloise, humilde, ouvia em silêncio, atento, bebendo a experiência de seu mestre. O contato diário com a doença, a morte e a cura era um avanço significativo na direção de seu objetivo maior, de se tornar um doutor.

Dia sim, dia não, Valloise deixava o hospital para trabalhar no prédio ao lado, onde ficava o orfanato. Suas atividades ali traziam grande motivação e alegria. Comandava a equipe de limpeza, não porque fosse chefe oficialmente, mas por possuir um espírito de liderança que não ofendia nem humilhava, incentivando o esforço dos colegas por seu próprio exemplo de empenho.

Após a sessão matinal de faxina, ele se dedicava a seu maior prazer: cuidar das crianças. Brincava com elas no pátio, contava histórias, virava nessas horas também um menino, lavando sua alma dos sofrimentos e privações por que passara. Sua infância de pobreza voltava-lhe à mente nestas horas. Lembrava-se das figuras queridas de outrora e via que, embora em condições miseráveis, tivera a sorte de possuir pais carinhosos e atentos, que o educaram para uma vida de trabalho honesto. Tivera mais sorte do que os órfãos que agora ocupavam seu tempo: crianças cheias de carências, sedentas de um mínimo de atenção e cuidado. Doíalhe o coração observar aqueles pequenos seres, privados do carinho de uma mãe, do abraço afetuoso de um pai, entregues à dureza de uma vida solitária em idade tão tenra.

Em poucos meses, Valloise considerava a todos os pequenos órfãos seus filhinhos. Tinha com eles uma atenção completa e uma paciência infinita.

Após a jornada diária de estafante trabalho, Valloise não parava ainda para descansar. Conforme combinara com seu tutor, entregava as primeiras horas noturnas à concentração e ao estudo.

Radamel falava dos grandes cientistas, dos filósofos, das teorias criadas por pensadores de antigas eras, dos conhecimentos já adquiridos e dos que ainda estavam por vir. Brilhante orador e dono de profunda erudição, Pierre Radamel era objeto de intensa admiração por parte de seu aplicado aluno.

Com ele, Valloise aprendeu sobre os humores e os fluidos corporais, sobre as pragas e infecções mais comuns, os remédios caseiros e sintéticos, os sintomas das diversas enfermidades. Ouviu também, com grande curiosidade, sobre as experiências de um cientista alemão, chamado Franz Mesmer. Este pesquisador combinava os tratamentos clínicos com o magnetismo.

Foi inevitável que Jean comparasse tal teoria ao que aprendera com Helene Duchamp.

Numa das aulas com o mestre, aventurou-se e perguntou sua opinião acerca dos passes curativos, dados através da imposição das mãos. Mais uma vez, Pierre Radamel mostrou-se um homem sem preconceitos, com uma mentalidade à frente de seu tempo.

— Acredito, caro Jean, que este corpo que nos abriga na aventura terrena nada mais é do que uma vestimenta para a individualidade real e profunda. Chame-a consciência, alma, espírito, dê-lhe o nome que preferires. Porém é inegável que a vida que nos anima é algo que transcende e supera o aspecto físico e mecânico do corpo. Existe, sem dúvida, uma vitalidade impalpável que confere a força aos nossos músculos e as conexões intelectuais ao nosso cérebro. Pessoalmente, nomeio esta força "energia primordial". E acredito que essa energia é, de fato, comunicante. Confiro esta capacidade à existência de uma invisível troca ou permuta de fluidos. Mesmer considerou-os magnéticos. Eu, por mim, creio que as ondas da energia primordial são similares, possuem características que se assemelham ao magnetismo, contudo o superam em complexidade e capacidade dinâmica. Não sei como alguém pode ter domínio sobre este manancial de cura ou desequilíbrio que todos possuímos no íntimo, mas, caso seja possível, não me espanta que tal pessoa possa curar por sua simples presença ou ao espalmar suas mãos sobre um paciente. Hoje tais assuntos parecem mistérios imensos, cavernas de escuridão e de dúvida. Creio, no entanto, que o futuro mostrará que tais segredos nada mais são do que manifestações coerentes e ainda pouco conhecidas da natureza.

Jean sentiu-se confortado ao ouvir o discurso. Seus dois maiores protetores, Helene e Radamel, compartilhavam o mesmo pensamento; ela pelo caminho da fé, ele pelo caminho da razão. Concluiu Jean que falavam, enfim, de uma mesma realidade, observada sob ângulos diferentes.

A fé e a razão não eram campos opostos, mas faces de uma mesma verdade.

O entusiasmo que Jean sentia com seu trabalho e estudos chegava a um ápice nas noites de segunda e quarta-feira. Nestas ocasiões, ele se encontrava com Claire.

Ela começou a lhe ensinar latim de forma original e criativa: por meio de historietas infantis. Quando ele se sentiu mais seguro, ela passou para poesias e narrativas históricas. Lia esses textos em francês, de forma a enriquecer seu aluno querido no aspecto cultural. Depois pedia que traduzisse trechos para o latim, e aproveitava exemplos para que ele dominasse a gramática.

Jean sentia seu coração descompassado só de estar perto de Claire. Seu rosto encantador, sua voz, seu perfume, sua doçura, seus olhos... Tudo o envolvia em profundo sentimento de adoração. Reprimia-o, porém, preso ao fato de já ser casado e em respeito aos sentimentos do amigo Hermés.

Claire, de sua parte, também estava totalmente apaixonada. Gostaria de dizer a Jean o quanto admirava sua diligência e esforço, o quanto gostaria de ser, para sempre, companheira de sua luta e determinação. Mas, por pudor e respeito, calava-se, esperava que ele tomasse alguma iniciativa.

Em uma noite, em meio à aula, não suportou e arriscou uma indireta.

— Sabes que teu amigo Hermés tem me feito a corte? Há meses insiste para que assumamos um compromisso.

— Bem o sei — respondeu Jean, incomodado. — És o assunto preferido de Gustav, para não dizer o único.

— E que pensas do caso? Crês que formaríamos um casal feliz?

Jean gelou por dentro. Como gostaria de agarrar-lhe a mão adorada e dizer que vê-la com outro homem seria tortura pior do que o fogo. Queria confessar-lhe que a amava acima de tudo, que não havia noite em que sua imagem querida não lhe abençoasse os pensamentos, antes de se lhe cerrarem as pálpebras.

Mas não podia. O respeito às convenções morais não lhe dava tal direito. Como poderia propor àquela moça tão fina, tão bem-nascida, um relacionamento sem garantias futuras, que jamais poderia ser abençoado pela Igreja, sendo ele já casado? Como poderia trair a confiança do amigo Hermés, que tanto o ajudara? E, ainda por cima, decepcionar o pai dela, o mestre que respeitava com todas as forças?

Tudo o que Jean pôde fazer foi reprimir seu afeto e mentir:

— Tu e Hermés formariam um casal perfeito. Sei que teu pai ficaria muito feliz.

— Não penso na opinião do meu pai, Jean — respondeu Claire, irritada. — Neste caso, o que conta é a minha própria felicidade. Sonho passar a vida ao lado de um homem que mereça todo o meu respeito e amor.

— E crês que Gustav não merece teu afeto? Ele é um bom rapaz.

Claire se enfureceu de vez.

— Obrigada por teu aconselhamento. Creio que aceitarei as investidas românticas de teu amigo. No próximo convite para o teatro, direi sim.

Jean queria sumir por um buraco que se abrisse na terra.

Naquela noite, Claire terminou a aula mais cedo. Foi mais fria do que de costume ao despedir-se de Jean. Então se retirou para seu quarto e lançou-se aos travesseiros, aos prantos.

Valloise, por seu turno, caminhou a esmo pela cidade. Quão injusta lhe parecia a vida. Casara-se cedo, com uma mulher que lhe fora arrebatada pelo destino, e nem ao menos sabia se estava viva ou morta. Então conhecera aquela que lhe parecia a razão de ter vindo a este mundo. E tinha que se afastar, por respeito à religião e à moral, para não ofender a seus benfeitores.

Que lástima pensar que o amor sincero pudesse, de alguma forma, ofender.

Era fato, contudo. E Jean se via no horrível dilema de calar-se, e até mesmo empurrar sua amada para os braços de outro homem. Não poderia haver no mundo tortura pior.

capítulo 25

SUCESSO

Após alguns poucos meses amamentando o pequeno Rénine, Marianne se livrou de tal ocupação com alívio. Egoísta como sempre, pensava mais em sua bela forma física do que no bem-estar do filho.

Assim que foi possível, pediu a Terence para que lhes conseguisse uma ama-de-leite, pedido que ele acatou com prazer, sedento por afastar Marianne da criança e tê-la, novamente, livre para si.

As aulas com o professor Millet haviam sido retomadas com empenho e, em uma noite gélida de novembro, ele trouxe a notícia que nossa jovem cantora mais esperava: ela estava pronta para um recital público no teatro.

Millet incumbiu-se da propaganda, da impressão dos cartazes e dos convites. Terence, orgulhoso, adiantou que não pouparia esforços ou custos para que tal estréia fosse um sucesso. Gastaria suas últimas economias para montar o cenário, contratar figurantes, empregar músicos, funcionários e técnicos.

Marianne exultava. Sentia-se, como nunca, o centro das atenções. Tornava-se cada vez mais afetada e exigente.

Quando conheceu a equipe de coristas que a secundariam no espetáculo, demonstrou logo o quanto seria odiosa na qualidade de primeira-dama da companhia.

— Essas moças são bonitas demais para ficarem na frente do palco, perto de mim. Exijo que tu as escondas nas fileiras de trás — disse ela a Millet.

— Mas estas são as melhores cantoras e dançarinas.

— Por isso mesmo. Não sou eu a dona do espetáculo? Que fiquem no fundo. Também quero os candeeiros e tochas deitando luz apenas sobre mim. O resto que fique na penumbra, qual moldura de um quadro.

Millet abanou-se com seu leque de madrepérola e suspirou.

— Será como quiseres, minha cara. Quero que estejas à vontade no palco, como se fosse teu lar.

— É fraca a tua comparação. O palco é mais do que um lar para mim. É um céu, onde posso demonstrar meus dotes angélicos.

Dito isto, a gananciosa intérprete encerrou-se no camarim para analisar seus figurinos. Encontrou defeitos em tudo. Achou que as cores não eram corretas; os cortes, antiquados; os caimentos, ridículos. A culpa era das costureiras, mas sua raiva também se estendia à camareira, que a espetava de propósito com os grampos ao prender a peruca. Também achava o camarim abafado, o espelho pequeno, a mobília medíocre... Uma lista tão extensa de reclamações, que encheria um alfarrábio.

Millet, que não ficava atrás em orgulho e excentricidades, estava pronto para explodir e dizer à pupila uma meia dúzia de verdades. O espetáculo nem estreara e Marianne já era odiada no teatro, desprezada do porteiro ao maestro da orquestra.

Terence era quem acalmava os ânimos de todos, punha panos quentes, arrefecia o clima agitado.

"Tudo em nome da arte", dizia ele. "Madame du Leplage está ansiosa devido ao calor da estréia próxima. No fundo, é um primor de criatura, um amor."

Os funcionários e artistas resmungavam pelos cantos e engoliam as grosserias da grande dama. Precisavam do emprego e Millet dizia que aquele seria o maior espetáculo musical da temporada.

Após a estréia, Marianne du Leplage tornou-se, de fato, um sucesso.

As pessoas lotavam a platéia e as galerias para vê-la soltar seus trinados perfeitos. *Le Grand Soleil* era o nome do espetáculo, composto de cançonetas populares, árias operísticas e divertidas cenas, combinando teatro e canto coral.

Os aplausos estrondavam pelos camarotes do antigo teatro, de sóbria arquitetura e poltronas de veludo.

As madames de Arles arrastavam seus maridos enfadados para os recitais, cientes de que aquele era o atual ponto de encontro da alta sociedade local.

Marianne entrou na moda. E o dinheiro da lucrativa bilheteria começou a brilhar nos olhos e nos bolsos de Terence e Millet.

Uma das récitas contou com a presença do duque e da duquesa de Montserrat, que, por terem recebido Marianne em seu castelo, espalhavam que eram mecenas da artista. Embora não fosse verdade, o prestígio social que seu apoio trazia era bem-recebido, e Terence nunca contou a ninguém não ter recebido um vintém que fosse de auxílio dos nobres. Eles já ajudavam o suficiente empenhando seus nomes, assinando embaixo na constatação de que Arles estava recebendo a maior revelação musical da década, quiçá do século.

Estava tudo correndo às maravilhas para a vaidosa Marianne, mas seu filho, abandonado nas mãos de uma criada, não recebia o bem primordial que se deve a uma criança: afeto.

Quem mais se desgostava disto era o tio, o invisível Horace.

Postado ao lado do berço, ele pensava em todo o caminho que os levara até ali. Sua irmã tinha ido mais longe do que jamais sonhara. Não havia uma noite em que não fosse convidada para festas e jantares, a casa estava sempre repleta de admiradores e visitas, seu rosto fora estampado na capa dos principais jornais e ainda podia-se vê-la em cartazes, espalhados por todo o centro da cidade.

O que o afligia era ver que aquele sucesso, aquele luxo e riqueza não tinham feito dela uma pessoa melhor, nem mais feliz. Estava sempre tensa, procurando motivos para reclamar e brigar. Também não concebia como ela podia passar dias inteiros distante do pequeno Rénine, então chegar em casa e se retirar direto para o quarto, sem ao menos saber se fora bem alimentado pela ama, ou se dormira a contento.

O querido sobrinho de Horace estava sendo criado por uma empregada, e isso o deixava revoltado. Nos mais íntimos refúgios de sua alma tacanha e confusa, ele começava a dar lugar a lampejos de lucidez.

Horace fora um menino solitário e triste, desprovido de atenção e carinho. E, agora, via seu sobrinho condenado à mesma realidade. A mãe, inebriada pelo retumbante sucesso, mal lembrava de sua existência. Terence nem pisava no quarto do bebê. Evitava olhar o pequeno, evidentemente desgostoso de sua presença.

Horace compreendeu que o grande salto que haviam dado em termos materiais e financeiros não havia lhes trazido mais união ou alegria. Isto o incomodava sobremaneira.

Ao lado dele, estava Adelaide, um fulgor de luz cintilante e imperceptível. Apesar de toda a sua preocupação com os filhos, ela não havia esquecido seu protegido, e o visitava de tempos em tempos. Exultava por vê-lo com aqueles laivos de consciência e maturidade, sementes promissoras a serem cultivadas em um ser tão cheio de mágoas e deficiências.

Um mês de sucesso tinha bastado para tornar Marianne completamente cega quanto à sua condição real e humana.

Ela, que já se julgava melhor do que os outros, agora portava-se como um ser advindo de outro universo, cuja lei estratosférica permitia pisar, humilhar e acabrunhar os reles habitantes da Terra.

Depois de atirar água de um vaso de flores no rosto de uma camareira e espatifar uma garrafa de vinho na parede do camarim, devido a uma nota de violino que considerou desafinada, a mocinha decidiu que era hora de ir além. Após aquela temporada no teatro de Millet, queria algo ainda mais refinado e grandioso.

Veio-lhe à mente o majestoso teatro romano, situado no centro da cidade. Imaginou-se no centro da arena, as arquibancadas lotadas pelo populacho, centenas de músicos e figurantes à sua volta.

Naquela noite, Terence a levou para jantar, como de costume, em requintado restaurante. Depois seguiram para a casa de pedras cinzentas, onde Marcel os aguardava com licores, frutas e queijos, para a ceia.

Ela passara o jantar com o pensamento distante e ele aproveitou para inquirir o motivo de sua distração.

— Penso no futuro — respondeu ela, enigmática.

Contou então de suas intenções acerca do teatro romano. E fora ainda mais longe, incluindo em seu projeto artistas circenses, cuspidores de fogo, mágicos, malabaristas, tudo para colorir ao máximo a glória do espetáculo.

Terence ficou impressionado e gracejou:

— Não me digas que queres também animais selvagens. Que tal alguns leões e leopardos africanos? Talvez um elefante?

Marianne não percebeu a ironia e considerou a idéia com seriedade.

— Por que não? Podemos montar um cenário semelhante à selva e incluir algumas jaulas com animais. O público jamais viu algo assim, estou certa.

— Não viu porque é o maior disparate que alguém poderia conceber! — atacou Terence, cansado. — Não achas que estás indo longe demais em tuas fantasias?

— Longe por quê? Não me prometeste o melhor, o mais alto posto da ópera francesa? Não disseste que me darias o Olimpo? Pois agora que provei o quanto o público me ama, é isto que quero, nem mais nem menos. Dá-me o Olimpo!

Terence tirou o copo de licor da mão de Marianne. Aquele era o momento que aguardava há meses.

— Está bem, minha querida. Dar-te-ei o que me pedes e ainda mais. Podemos chamar ao espetáculo *La Forêt Sauvage.* Mas há algo que deves me dar em retribuição.

Marianne entendeu imediatamente do que ele falava.

— Não me venhas com esse tipo de conversa, Terence. Já nos entendemos quanto a este ponto. Nossa relação é e será sempre estritamente profissional.

Terence irritou-se e a agarrou pela cintura.

— Não! Para mim chega de tanta frieza de tua parte. Ofertei-te tudo, Marianne, tudo que me pediste. Modifiquei minha vida por ti. Chegaste a um ponto que jamais alcançarias se não tivesses minha mão para alçar-te. E te prometo mais. Muito mais! O teatro romano, o Palais Royal de Paris, o Olimpo, como tu dizes! Porém exijo a minha parte neste contrato. Minha glória é saber-te possuidora do meu nome. Mas minha desgraça é não possuí-la, de fato, como minha mulher. Sê minha, Marianne. Entrega-te a mim, pois não há no mundo quem mais te adore e quem mais te mereça do que eu.

Era fato. Os dois se mereciam.

Naquela noite, Marianne não foi para seu próprio quarto. Acompanhou Terence a seus aposentos e tornou-se, definitivamente, a grande, a incomparável, a divina Marianne du Leplage!

A fama de alguns significa, tantas vezes, o fracasso de outros.

Havia alguém que se ressentia, mais do que os subordinados do teatro, da ascensão de Marianne. Esta era Sophie Gail, a cantora que Millet construíra, antes de Marianne, e que fizera tudo para destruir depois.

Sophie, que conhecera o reconhecimento da crítica e a veneração das massas, estava agora esquecida, vivendo solitária em um pequeno quarto de hotel.

Bêbada, como de costume, ela releu alguns recortes de jornal que guardara, relatando o triunfo da outra. Depois, rasgou-os lentamente, imaginando rasgar com suas unhas as carnes daquela que, mais do que o próprio fracasso, odiava.

"Um dia, Marianne, conhecerás a derrota como eu", pensava. "Serás então uma sombra do que agora és. E, no que depender de mim, tal reversão da fortuna se dará bem mais rápido do que imaginas."

Uma lágrima amarga manchou as tiras de jornal rasgado, o rubor do ódio a colorir as faces da pobre cantora esquecida.

V

[illegible]

capítulo 26

VACINA

Enquanto Marianne conhecia o sabor da glória e do dinheiro, Valloise também crescia, mas em outros aspectos bem mais importantes e fecundos.

Sua presença no hospital e no orfanato logo se tornou imprescindível. Era querido pelos médicos, pelos funcionários e, acima de tudo, pelos doentes e órfãos, que mais necessitavam de sua atenção. Ele funcionava como um ponto de apoio e compreensão para quem quer que o procurasse com problemas. Diligentemente ouvia as queixas e, quando não sabia como resolvê-las, ao menos buscava alternativas para minimizar o sofrimento daqueles que requeriam sua atenção.

Certa manhã, o professor Radamel veio falar de uma nova invenção que estava sendo testada na Inglaterra com sucesso, e que ele pensava em introduzir na França: uma vacina contra a varíola negra, criada por um eminente médico inglês, doutor Edward Jennet.

Valloise ficou muito interessado. Como teria sido útil tal invento há algum tempo. Talvez Helene Duchamp e seu filho Andrés tivessem sido salvos. E quantos órfãos daquele orfanato podiam estar ainda ao lado de seus pais.

Ao menos surgira a esperança de resolver casos novos. Milhares de vidas poderiam ser salvas em toda a Europa se o medicamento se mostrasse eficaz.

O funcionamento da vacina era curioso e relativamente simples. Eram selecionados bovinos, acometidos de um tipo mais brando da doença: a chamada "varíola animal". Recolhia-se o pus das pústulas destes quadrúpedes infectados e inoculava-se o agente causador da doença no ser humano. Formava-se no local da picada uma ferida inflamada que, depois, fechava-se, deixando pequena cicatriz. Se exposta ao vírus letal da varíola humana, esta pessoa se mostrava imunizada e não desenvolvia os sintomas. Isso ocorria devido às defesas que o organismo criara previamente contra a forma menos nociva da praga.

Consciente do mecanismo do medicamento, Jean não relutou em apresentar-se como voluntário para um teste. Foi um dos primeiros homens, senão o primeiro, a ser vacinado em território francês.

Na tarde seguinte, apresentou um pouco de febre, sem maiores conseqüências. O mais amedrontador foi receber, depois, uma injeção com o vírus da verdadeira peste, recolhido de um cadáver do hospital. Parecia excessivamente perigoso e cruel, contudo era a única forma de comprovar a eficácia da vacina, sem deixar dúvidas.

Que júbilo sentiram, ele e Radamel, ao constatar que os sintomas da malfadada doença não se apresentaram de fato, tal como já haviam demonstrado os testes iniciais, realizados em Londres.

O professor Radamel correspondeu-se com Jennet e acertou que o mestre inglês fizesse uma série de conferências na Universidade de Paris. Também conseguiu autorização para a produção da vacina em território francês, em grande escala.

Jean foi incumbido, quando já haviam estocado suficiente quantidade da droga, de uma missão valiosa e difícil: comandar um grupo de enfermeiros que se espalharia pelas ruas de Paris, informando a população sobre o novo medicamento e convencendo-a a se imunizar.

A maioria dos cidadãos era contra a vacina. Tinham medo e achavam algo nauseante deixar que o pus de vacas doentes fosse inoculado em suas veias.

Jean teve que ser, a um só tempo, professor, psiquiatra e enfermeiro da população atendida. Nos primeiros meses, não foi fácil; contudo, devido aos bons resultados apresentados pelo tratamento, logo formavam-se filas de pessoas de todas as classes, desejosas de se precaver contra a pior praga que já havia assolado o continente.

Enquanto desenvolvia suas atividades como curador, como bem previra o espírito de sua mãe, Jean seguia com seus estudos.

Claire tinha se tornado fria e distante com ele, magoada com seu apego às regras e convenções e sua relutância em assumir que o elo que os unia superava a simples amizade. Apaixonada e romântica, ela desejava que Jean fosse contra tudo e contra todos para que pudessem se unir. Que, como um cavaleiro andante, ele a tomasse de seu pai à força, a raptasse e levasse, em seu cavalo, para um castelo distante, onde seriam felizes para sempre, como nos contos infantis.

A realidade, porém, era bem diversa. Aos dezenove anos, Claire já começava a sentir a pressão social para que assumisse um compromisso. Segundo o senso comum, já estava "em idade de casar".

Para o professor Radamel, com apoio de amigos e parentes, a escolha única e certa era Gustav Hermés, rapaz de boa linhagem, advindo de uma família rica e respeitada.

Claire, definitivamente, não o amava e, quando contrariado, o coração opta por caminhos tortuosos para alcançar seus fins. Ela achou que precisava despertar Jean de sua falta de iniciativa. Então iniciou um jogo perigoso, utilizando Hermés para fazer ciúmes em seu verdadeiro amado. Pôs-se a aceitar os convites de Gustav para sair, a dar-lhe o braço quando caminhavam pelas ruas. Aceitou, enfim, a corte que ele lhe vinha fazendo há tempos.

O resultado logo se fez sentir. Jean odiava saber que eles já eram considerados namorados nas rodas sociais, que Hermés era o par constante de Claire nos bailes e festas públicas, que o noivado era só uma questão de tempo.

Ele gostaria de se interpor, confessar com todas as letras que a amava. Mas não se via no direito de destruir a reputação dos Radamel, uma família que o acolhera com tanta bondade. Tudo o que lhe restava era suportar o imenso ciúme, calando a paixão que o torturava.

capítulo 27

UM BEIJO, UM ADEUS

Era uma tarde chuvosa, nas proximidades da Páscoa de 1790. Jean Valloise andava pela sala, de um lado para outro, dominado por grande ansiedade.

No quarto, Gustav Hermés acabara de escolher seu melhor traje para levar Claire Radamel ao teatro. Admirando-se no espelho, ele ajeitou o laço à peruca, dobrou com elegância um lenço de renda e o introduziu na manga do casaco, como era o costume na época.

Quando veio do quarto, bonito e radiante como um príncipe, Valloise não pôde conter a onda de ciúme que lhe invadiu o peito.

— Responda-me com toda sinceridade, Hermés: gostas realmente de Claire?

Gustav arregalou os olhos, com espanto.

— Nem parece que tu és meu amigo e maior confidente. Como podes duvidar do afeto imenso que sinto por ela?

— Não quero parecer inconveniente, mas tenho uma dívida de gratidão com Claire Radamel. Ela tem se empenhado para me educar, não apenas em uma língua antiga, mas em assuntos que nem ao menos eu sabia existentes. Tenho grande apreço por ela.

Gustav não gostou do rumo que tomavam as palavras do amigo.

— Sejamos sinceros, Valloise. O que sentes por ela é apreço ou amor?

— Perguntei-te primeiro — defendeu-se Jean. — És um grande galanteador. Bem o sei, pois que já acompanhei tantas vezes as narrativas rocambolescas de tuas conquistas. Mas Claire Radamel é moça de outra estirpe e não deve ser tratada como tuas namoradinhas do *vaudeville*.

— Ofendes-me com estas admoestações, ferreiro. Quero crer que sou um homem digno, embora goste de aproveitar o lado leve e divertido da vida. Sou jovem, desimpedido. Claire também é solteira e vem da mesma classe social da qual descendo. Não poderia ser companheira mais perfeita para o meu futuro. Penso com seriedade em noivado, casamento, tudo a que eu e ela temos direito, com a bênção de Deus.

Jean deixou-se cair sobre uma poltrona. Sentia-se demolido por dentro.

— Tu a amas! Confirma de uma vez! — pressionou Hermés. — Sinto em teu tom, em teu comportamento. Gostarias de estar no meu lugar, Valloise, não negues.

Jean encarou-o com seriedade.

— Sou um homem casado, bem o sabes. Não me resta o direito de criar vínculos afetivos com mulher alguma. Tudo o que posso fazer é esperar que, um dia, alguma pista, algum sinal do paradeiro de minha mulher se me apresente aos olhos.

— Mas não é o que desejas de fato, do fundo da tua alma. Fala, Valloise. Abre-te comigo. Gostas de Claire Radamel ou não gostas?

— O que importam os meus sentimentos? O destino já decidiu o que será do futuro dela, do teu e do meu.

Gustav mudou, repentinamente, de temperamento e de tática. Aproximou-se do companheiro de moradia com uma doçura que não lhe era peculiar.

— Basta uma palavra tua, Jean. Diz que me quer distante de Claire e obedecerei! Ela ainda pode ser tua. Ninguém exigirá que esperes para sempre o retorno de Marianne. Ela agora não passa de uma história antiga, um triste fantasma do passado.

— Considerarias correta uma relação entre Claire e eu, apesar de minhas obrigações pregressas?

— Gostas dela? É só o que quero saber!

— Gosto! — confessou Jean, por fim. — Gosto de Claire Radamel como jamais gostei de pessoa alguma. Amo-a como amaria uma filha, uma irmã, e ainda mais, pois sou um homem, Hermés, e Claire é a mulher mais bela que estes olhos já tiveram a ventura de enxergar.

A estudada doçura de Hermés transformou-se em violência. Agarrou Jean pelo colarinho, com suas mãos fortes, e o puxou para junto de si.

— Mato-te, Jean Valloise! — rosnou ele, com firmeza. — Mato-te com um tiro no peito. Amanhã mesmo, pedirei ao professor Radamel que sejam interrompidas as aulas que tens tido com Claire. Não admitirei mais que te aproximes dela. Sou um homem de bons sentimentos, mas prezo minha honra acima de tudo. Será lavada em sangue, se preciso for.

Jean safou-se do aguilhão das mãos de Gustav.

— Solta-me, Hermés! Achei que estavas sendo sincero, no entanto tudo o que querias era me encurralar, obrigar-me a dizer o que não queria!

— A falta não é minha, ferreiro, mas tua! Não tens do que me culpar! Ainda hei de me casar com Claire e, se queres estar vivo na ocasião, é bom que te afastes dela. Tenciono fazer o pedido ao mestre Radamel o mais rápido possível. E estejas certo de que o alertarei para manter-te longe de minha futura esposa.

— Não posso impedir-te — respondeu Jean, com tristeza. — Saibas que deixarei esta casa ainda hoje. Não quero mais que minha presença te importune.

— É o melhor que tu fazes. Não suportaria mais a convivência contigo. Não após descobrir que não és meu amigo, como dizias, mas meu maior rival.

Foi com grande pesar que Valloise deixou a moradia às margens do Marne e se afastou de seu caro amigo Hermés.

Gustav também sentiu o afastamento, embora não confessasse o fato nem a si mesmo. Seu ciúme tinha se tornado rancor. Não queria ver nem ouvir o nome de Jean.

Já na manhã seguinte à discussão com Valloise, ele pediu ao professor Radamel que Claire interrompesse as aulas de latim que vinha ministrando. O professor relutou, mas compreendeu tudo quando Gustav confessou que pretendia unir o nome Radamel ao de sua família.

— Amo tua filha, professor. Desejo desposá-la em breve. E se me deres a honra de alimentar esperanças, serei eternamente grato.

— Eu já havia percebido as tuas intenções, Gustav. Mas por que insistes para que eu afaste Jean Valloise de Claire? Desconfias da integridade dele?

Hermés foi elegante e não revelou tudo o que Jean havia lhe dito.

— Apenas prefiro que ela não tenha contato tão estreito com outro homem. Minha afeição exige tal cuidado, em nome da dignidade de Claire e dos bons costumes.

O professor estava ciente da origem refinada e das boas perspectivas futuras de Hermés. Aceitou os termos da proposta de noivado, condicionando-a, porém, aos desejos da filha. Acertou que, naquela mesma noite, falaria com Claire a esse respeito.

Pai e filha fecharam-se na biblioteca, após a ceia.

Ao inteirar-se do pedido de Hermés, Claire ficou transtornada e renegou a idéia com veemência.

— Sou jovem, papai. Não sei por que tanta pressa de me empurrar ao altar.

— Não há pressa, meu bem. Mas devo lembrar-te de que há poucos partidos como Gustav Hermés nesta cidade. Ele logo estará formado. Não é um aluno brilhante, porém tem berço e carreira garantida. Além do que, é um bom rapaz. Pode te fazer feliz.

— Não o amo — simplificou Claire, com desdém.

— Amar também se aprende com o tempo e a convivência — ensinou o pai, zeloso. — Ele é um rapaz de bela aparência, forte e bem-disposto. Sem falar que te dedica verdadeira adoração.

— Minha resposta ainda é não.

Radamel suspirou.

— Jamais te obriguei a nada nesta vida, filha. E não será agora que o farei. No entanto peço-te que penses no caso. Não destituas Hermés de todos os sonhos que alimenta. Diga-lhe apenas que é cedo e que voltarão a falar disto futuramente.

— Se é o que o senhor deseja... — concordou Claire, resignada, sem coragem de contrariar o pai.

Ela já ia sair da biblioteca quando Radamel a impediu.

— Há outro assunto importante a tratarmos. Hermés pediu que Jean deixasse de ter aulas contigo. Percebi que sente ciúmes por tua causa.

O coração de Claire foi às nuvens e uma esperança luminosa invadiu todo o seu ser.

— E estes ciúmes têm fundamento? Jean disse a Hermés que gosta de mim?

— Não sei, mas é o que parece. Apesar de toda a amizade que os unia, os dois brigaram. Hoje à tarde, Jean informou-me que deixou o apartamento que dividiam. Pediu-me para morar no orfanato, com o que concordei. Acredito que, para não contrariar Hermés, deves aceitar o pedido e interromper as aulas de latim.

— Mas Valloise precisa delas para realizar seu sonho de ingressar na faculdade! — retrucou Claire, agoniada.

— Eu mesmo me incumbirei deste ensino. Ele já avançou bastante nos últimos tempos, segundo reparei.

— É um rapaz inteligente. Aprendeu mais em seis meses do que outros aprenderiam em anos.

Dito isso, Claire chegou mais perto do pai, tomou-lhe a mão e fez com que se sentasse na poltrona.

— Pai, que pensas de Jean Valloise... como pessoa?

— É um moço excelente — respondeu o professor. — Esforçado, honesto... Gosto do jeito como ele trata os doentes e as crianças do orfanato. Não os lembra de que são fracos ou carentes. Trata-os com simplicidade e franqueza, como se fossem seus iguais. Isso lhes dá força e confiança.

— Amo Jean Valloise — anunciou Claire, com um fio de voz.

A reação do professor foi severa.

— Como ousas dizer isso? Trata-se de um homem casado!

— Mas a mulher foi raptada, bem o sabes. Talvez esteja morta.

— E talvez não esteja. A qualquer momento, pode retornar. E com um filho nos braços!

— Eu o amo — insistiu Claire. — Se mamãe estivesse viva...

— Não toques no nome de tua mãe! Pensas o quê? — vociferou Radamel. — Que ela compactuaria com tamanha imoralidade?

Arrependido de seu tom alterado, o professor procurou acalmar-se.

— Jean é um bom moço, Claire, eu não nego. Mas é um servente, um rapaz humilde que ainda tem muito a conquistar.

— Não me importo com dinheiro e sim com o que sinto.

— Ele jamais poderá te levar ao altar, minha filha! — explodiu o professor de novo. — Queres me matar de desgosto? Prometi à tua mãe, antes de sua morte, que te levaria à casa de Deus e te entregaria às mãos de um homem digno e de boa família. Se queres honrar a vontade dela, aceita ser noiva de Hermés. E, por tudo que é sagrado, para teu próprio bem, esquece Jean Valloise!

No dia seguinte, Claire cobriu os cabelos e os ombros com um longo xale. Sem que ninguém visse, saiu pela tarde fria, que o céu de um azul profundo coroava. Tomou um coche e pediu ao condutor que a levasse até o orfanato.

Encontrou Jean no pátio, a brincar com as crianças. Por alguns momentos, apenas admirou de longe o homem que amava. Conhecia-o tão pouco — pelo menos, assim imaginava —, e já sentia por ele uma ternura comovente. Seria possível que tal amor fosse um pecado? Por que Deus não abençoaria um sentimento tão intenso e profundo?

Finalmente, Jean a viu ali, triste e compenetrada. Deixou as crianças brincando e caminhou na direção da amada, agoniado, pressentindo a importância da conversação que agora teriam.

— Não deverias ter vindo aqui, Claire — disse ele quando estavam próximos. — Estou proibido de te ver.

— Bem o sei. Teu amigo Hermés pediu minha mão em casamento e aconselhou que tu fosses afastado de mim.

— Poderia ter sido pior. Agradeço por teu pai ter tido a bondade de me manter no emprego, apesar de minha amizade com Hermés ter terminado.

Claire, impetuosa, foi direto ao ponto:

— Meu pai insinuou que Gustav se indispôs contigo porque gostas de mim. É verdade? Gostas de mim, Valloise?

Jean olhou-a bem no fundo dos olhos. Não podia mentir.

— Amo-te com todas as forças da minha alma.

O encantamento invadiu o semblante de Claire, nascendo-lhe nos lábios o mais doce dos sorrisos.

— Amo-te também, Jean! Quero estar a teu lado, apesar de tudo. Mesmo que tenhamos que lutar contra o mundo inteiro.

— Não tenho o direito de pedir-te tal coisa. Tens teu pai, tua honra, um casamento seguro e decente em teu caminho.

— Abro mão de tudo aqui, agora mesmo, se disseres que me aceitas. Fugirei contigo, se preciso for.

— Não digas tolices, eu imploro. Amo-te, mas não tenho tal direito. Preciso respeitar as regras de Deus, da Igreja... Disto depende a honra de tua família, a minha e a tua própria.

— Não há desonra em amar. Se não me queres, vou-me embora de Paris sozinha. Nunca mais me verás.

Jean não pôde resistir. Puxou-a para perto de si e deram o mais cálido e apaixonado beijo que já foi dado neste mundo.

Ao final dele, voltaram a se olhar, ofegantes, apaixonados, assustados com sua própria coragem. Ao longe, lá do pátio, as crianças reparavam e riam.

— Perdoe-me, Claire. Eu não devia ter feito isso. Não deve se repetir jamais.

— Quer dizer que, embora me ames, vais te apartar de mim?

— Farei o que manda a moral. É minha obrigação. Sabes que sou um homem de bem, não um doido irresponsável. Quero te ver feliz, Claire!

— Minha felicidade só existirá se estiveres comigo.

— Não. Estás enganada. Que posso te oferecer, se ficarmos juntos? Não tenho bens, não tenho nada. E é claro que eu perderia este emprego.

— Volta a ser ferreiro, não me importa. Seremos pobres para o mundo, mas ricos de amor.

— Não posso te condenar a uma vida de penúria. Não sabes o que é viver na miséria, rezando por ter o que comer no dia seguinte. Vês a questão de uma forma inocente e romântica. Em pouco tempo, teu amor se tornaria arrependimento e desprezo. Não posso destruir teu futuro, Claire!

Ela tinha as mãos geladas, a boca seca.

— Queres dizer, então, que me renegas? Preferes que me torne noiva de Gustav?

— Não sabes como é duro para mim dizer isto... Contudo é o melhor que tens a fazer.

Ela não disse mais nada. Deu as costas a Jean e caminhou, sem total consciência de seus atos, até a saída do orfanato. Depois seguiu pela rua, sem olhar para trás.

"Nunca serei feliz", pensava Claire Radamel. "Nunca!"

capítulo 28

LUZ NA ESCURIDÃO

Casar-se com Gustav era tudo o que Claire não desejava. Mas as pressões familiares e sociais, a decepção por não ter tido da vida o direito de ficar ao lado de Jean, tudo levou a mocinha a aceitar um noivado sem amor.

Hermés, experimentado namorador, percebia a ausência de paixão de sua prometida, embora confiasse em seu inegável charme para reverter os sentimentos da amada com o tempo.

Jean silenciava seu amargo sofrimento, mergulhando seus dias na intensidade do trabalho. Raramente via Claire e, quando tal fato ocorria, em um encontro casual na casa do professor ou no hospital, os dois se apartavam sem se dirigirem palavra, por respeito à moral e, acima de tudo, por mágoa.

Olhavam-se, porém, de longe, e os olhares que trocavam valiam por mil discussões acaloradas. A ligação que existia entre seus corações permanecia, tornara-se ainda mais intensa devido ao tormento que lhes fora imposto. Era terrível querer com tal intensidade e não alcançar, desejar e reprimir, amar acima de tudo e calar.

No sul da França, Marianne tinha expandido suas asas de glória por todas as principais cidades da Provença. Foi aclamada em Marseille, ovacionada em Avignon; era uma retumbante unanimidade. Os críticos afirmavam que a Europa jamais presenciara uma tão bela voz, de tão inspirados e exóticos matizes.

Terence enriquecia em grande escala, assim como Ernest Millet, que permanecia dirigindo os espetáculos, com direito a uma parte da renda.

O pequeno Rénine crescia abandonado aos pés de uma ama.

A criança, que não tinha culpa dos defeitos maternos, experimentava uma infância de triste solidão, sempre trancada em seu quarto, rodeada de brinquedos caros, mas frios, que jamais substituiriam um beijo, uma palavra, uma carícia de mãe.

O ano de 1792 chegou trazendo um novo momento da Revolução. A França declarou guerra contra a Áustria e entrou na época mais cruel e conturbada que jamais enfrentara.

Os jacobinos, representantes das classes mais desfavorecidas da população, ganharam poder sobre os defensores da classe média. O grande líder do momento era Robespierre, dito "o incorruptível". Secundado por seus pares, Danton e Marat, ele assumiu a liderança da Assembléia, tornando-se comandante do país. Decidido a implantar a República francesa e solapar de uma vez para sempre todas as instituições ligadas ao passado e à nobreza, este carismático líder das massas instituiu uma opressiva Guarda Nacional, com ordens de matar qualquer oposicionista ao governo popular.

As execuções e crimes políticos passaram a assolar todo o território francês. Marchas, passeatas e festas ao ar livre, embaladas pelos hinos revolucionários, espalhavam-se por toda parte. Eram expressões de nacionalismo exageradas e intensas, assumindo as feições de uma verdadeira loucura coletiva.

Tanto sangue passou a ser derramado que, vergonhosamente, buscou-se uma forma de pena capital "mais humana", como se fosse possível matar ao próximo de um jeito mais ou menos digno. O machado, a roda e a forca foram proibidos e todos os condenados passaram a ser mortos com um novo instrumento decapitador, rápido e eficaz: a famigerada guilhotina.

O rei deposto, Luís XVI, e a rainha Maria Antonieta, apavorados com a nova ordem, tentaram fugir do país para preservar suas vidas. Capturados pelo novo Exército popular dos jacobinos, entraram para o rol dos infelizes que tiveram a cabeça decepada. Sua execução em praça pública, diante do Palais des Tuileries, em 1793, reuniu uma assistência de milhares de populares ensandecidos.

A feroz Guarda Nacional foi incumbida, desde então, a limpar o território nacional de todo e qualquer cidadão contrário ao novo poder instituído. Instalava-se a era do terror.

A tirania monárquica fora substituída por uma tirania parlamentarista. Mas pouco diferiam as duas em seus aspectos fundamentais, sendo que a segunda pecava por maior hipocrisia. Milhares eram mortos, com julgamentos de mera aparência, sendo tal arbitrariedade pretensamente justificada pela famosa tríade de venerandas palavras: liberdade, igualdade e fraternidade. Nunca palavras santas foram vilipendiadas de forma tão revoltante quanto naqueles dias.

De volta a Arles, depois do retumbante sucesso de sua turnê pela Provença, Marianne voltou a sonhar com seu grandioso espetáculo músico-circense no teatro romano.

Não havia um dia em que ela não lembrasse a Terence de sua promessa. Montariam *La Forêt Sauvage* ou ela o abandonaria, buscaria outro empresário, até mesmo seguiria sozinha na carreira primorosa que se abrira a seus pés.

— Não deves ser tão geniosa, querida — amenizava Terence, buscando sufocar a irritação. — Devias ser mais grata por tudo que já te fiz até hoje.

— Sou grata, Terence, mas considero que ainda não passamos do início de nossa jornada. O teatro romano de Arles é um passo necessário para podermos chegar à glória de Paris.

— Sabes quanto custaria um espetáculo nas proporções que imaginas? Centenas de milhares de francos!

A moeda francesa havia sido alterada pelos revolucionários, desde o início daquele ano: não mais o luís, mas o franco.

— Pois que custe milhões! — gritou a diva, sem a menor noção do valor do dinheiro. — Cantarei rodeada de feéricas danças e números circences. Serei erguida às alturas por uma pirâmide de malabaristas e contorcionistas, caracterizados como selvagens. Realizarei o maior espetáculo musical que já se concebeu neste mundo. E tu me darás isto, Terence! Nem mais, nem menos!

As brigas já eram freqüentes entre o casal e, naquela noite, não foi diverso. Marianne bebeu, chorou, quebrou uma taça na lareira. Terence gritou, implorou, agarrou-a pelos braços com força. Tinha ganas de estapeá-la. Tantas vezes batera em Adelaide e nos filhos, no passado. Estava acostumado a impor suas vontades à força, usando covardemente suas prerrogativas masculinas. No entanto, continha-se. Sabia que Marianne tinha um temperamento explosivo e imaturo. Poderia fugir, mudar-se, inventar uma separação. E o fato é que dependia dela e de seus talentos.

— Faremos a loucura que inventaste, eu prometo — disse por fim, derrubado. — Conseguirei outros investidores e terás teu espetáculo nababesco. Agora deixa-me beber em paz.

Marianne girou sobre os calcanhares, vitoriosa, e subiu para seu quarto. Já era alta madrugada, mas nem pensou em olhar como estava o filhinho em seu berço. Como sempre, pensava em suas próprias comodidades e fantasias. Rénine era um apêndice incômodo que a vida lhe impusera. Acreditava que já fazia muito por lhe dar conforto, um quarto bem decorado, alimentação adequada e assistência de uma criada. No fundo, gostaria que ele nem existisse.

Ao lado do berço, Horace velava o sono do sobrinho. Tinha orgulho de ver como já crescera, como estava forte e esperto, brincando com seu chocalho ou olhando as estrelas de pano que pendiam do teto, com seus olhos brilhantes.

Pela primeira vez, em muitas vidas, Horace amava a alguém que não a si próprio. Era um passo fundamental em sua evolução, o mais importante de toda a sua existência até então.

Ali, na obscuridade, o espírito de Adelaide sorria, com emoção. Sentia a energia daquele amor paternal propagando-se pelo quarto, em brandas e abençoadas emanações.

Seu protegido caminhava na direção inevitável, mas tantas vezes adiada, do bem. O conformismo e a desesperança de Horace estavam, enfim, abalados.

Era justificada a alegria de Adelaide. Não há remédio mais eficaz para o mal do que a entrega aos poderes curativos do afeto. É como uma luz que se acende na escuridão.

capítulo 29

A FACE DA FIRMEZA E DO AMOR

Nas proximidades do hospital, acontecia todas as terças-feiras uma grande feira livre. Mercadores vinham de todas as partes para comercializar frutas, grãos e animais domésticos. Uma multidão se reunia para as compras, em grande rebuliço.

Jean acostumara-se a usar tal evento para seguir com seu trabalho de prevenção à praga. Alguns enfermeiros distribuíam panfletos e explicações sobre os perigos da varíola e a eficácia da vacina, enquanto outros cuidavam de ministrar as injeções na população.

As crianças eram reticentes a tal abordagem por medo da picada e, não raro, fugiam ao avistar os bem-intencionados profissionais da medicina.

Nestes casos, Jean não se conformava e, como um garoto, corria atrás dos fujões, sempre na esperança de convencê-los da importância da imunização.

Naquela tarde também fora obrigado a uma perseguição, mas por um motivo diferente.

Ao chegar à feira, foi surpreendido por um bando de moleques sujos, pedintes de esmola. Eles se diziam dispostos a entrar na fila da vacina e pediam que ele lhes indicasse o local. Jean achou estranha aquela disponibilidade das crianças e só entendeu quando dois dos meninos maiores lhe deram um empurrão. Ao se desequilibrar, o menor do bando sacou com destreza um punhal, cortando com ele a tira de sua bolsa de moedas.

Antes que pudesse esboçar reação, Valloise viu seu suado dinheiro sendo levado pelos pequenos larápios. Tomado de indignação, não pôde se conformar com o roubo. Correu até seu fiel cavalo Belenus, que o aguardava à beira de uma fonte, e cavalgou decidido à volta do quarteirão. Conhecia a geografia do local como a palma de sua mão e sabia que os garotos teriam que passar por determinado cruzamento.

De fato. Ao chegar à esquina, avistou os pequenos mendigos se aproximando, calmamente, certos de terem se safado em segurança, e já interessados em dividir o fruto do roubo.

Ao darem de cara com Jean, a reação deles foi imediata: espalharam-se para todos os lados, como moscas esquivando-se de um safanão.

Ágil, Valloise conseguiu agarrar o menor pelo colarinho, justo aquele que lhe aliviara o porta-moedas.

— Onde pensas ir com tanta pressa? Estás a levar o que não te pertence.

O menino viu que não tinha como escapar daquelas mãos fortes e decidiu apelar para a compaixão do desconhecido que o segurava.

— Perdão, moço. Não roubei seu dinheiro porque quis. Tenho fome e meus irmãos menores também. Se não roubo, não comemos. E ainda corremos o risco de apanhar.

O pequeno mendigo era ninguém menos que Gerard du Leplage, o filho de Terence que caíra nas mãos dos zíngaros.

— E quem é que te bate? — perguntou Jean, penalizado. — Teus pais?

— Não, o cigano que nos cria. Nossos pais sumiram e ele se tornou nosso dono. Vivemos à sombra dele, em um acampamento a oeste da cidade.

O menino estendeu então a bolsa, com a mão trêmula.

— Olha. Devolvo o que tirei do senhor. Mas deixa-me partir, eu imploro. Meus irmãos precisam de mim.

— Prometo que te deixarei voltar para perto deles — disse Jean, apanhando seu dinheiro de volta. — Porém antes, anda cá. Pago-te um lanche. Conversaremos melhor depois que comeres.

Gerard olhou desconfiado para Valloise. Os sofrimentos da vida o tinham desacostumado de tais gentilezas.

— Anda, não tenhas medo! — insistiu Valloise. — Sei bem o que é passar fome. Já fui pobre como tu.

Enquanto comia, Gerard du Leplage contou a Jean todas as suas desventuras: o fim da infância faustosa, o sumiço do pai e depois da mãe amorosa, o assassinato de Juliette e, finalmente, a prisão imposta a ele e aos irmãos pelo cigano Sandor.

— Eu sinto muito — disse Jean, ao final da narrativa. — Imagino o quanto sofreram, tu e teus irmãos. Desejam abandonar esse acampamento cigano, por certo.

— É o que mais queremos! Mas não temos para onde fugir.

— Eu trabalho num orfanato. Claro que não seria igual à vida que levavam antes do desaparecimento de teus pais, mas terão cama quente, três refeições por dia e a oportunidade de voltar a estudar. Que te parece?

— Melhor do que um sonho, senhor. Mas meus irmãos estão no acampamento e não têm como sair de lá.

— Não te preocupes. Iremos buscá-los.

Gerard não podia acreditar no que ouvia.

— No esconderijo dos ciganos? Não deixariam o senhor sair de lá com vida.

— É o que veremos — disse Valloise.

A tarde findava quando Jean colocou Gerard na garupa de Belenus. Seguindo as indicações do menino, cavalgou até o acampamento cigano. Lá chegando, não procurou se esconder. Foi conduzindo o cavalo lentamente, em direção à única casa central, rodeada de barracas e carroças.

Um grupo de crianças brincava à volta de uma fogueira e deu o alarme:

— O fujão está de volta! — gritou um deles, apontando para Gerard.

Logo vários zíngaros mal-encarados rodeavam Valloise.

— Que fazes em nossas terras? — inquiriu o mais mal-encarado entre eles. — Vamos te sangrar como a um porco, forasteiro.

— Antes que me mates, permita-me falar com teu líder.

— És corajoso para vir até aqui desarmado — disse o próprio Hanuf, que estava ao lado de seus pares. — Todos temem se aproximar dos ciganos.

— Não vos temo — disse Valloise. — Somos irmãos. Não tendes motivo para me ferir.

Os ciganos riram, julgando que se tratava de um louco.

— Eu sou Hanuf, o chefe deste povo. E não aceito que um branco se proclame meu irmão.

— Não fui eu quem assim decidiu — voltou Valloise. — Mas Deus, que nos olha lá do alto, e que é pai de todos os seres. Tenho um presente a oferecer-te, Hanuf. A ti e a todo teu povo.

Ao ouvir a menção a um presente, o cigano mudou seu comportamento.

— Falas de dinheiro? É tudo de que precisamos.

— Estás enganado. O que tenho a ofertar-te vale mais do que o ouro.

Fisgado pela ambição, Hanuf conduziu Jean até sua casa. Ordenou que sua bela mulher servisse vinho e acendeu um pequeno cachimbo de barro.

— Explica-te, forasteiro. Nunca antes um homem branco ofereceu-me um presente. Espero que me agrade, pois disto depende a tua segurança. De que se trata, afinal?

— Trata-se da vida! Da saúde de todo teu povo. Quantos aqui já morreram por conta da varíola?

— Muitos — respondeu Hanuf. — Mais do que possas imaginar. Eu mesmo perdi um filho que não tinha chegado aos dois anos. Era um menino forte, belo como a mãe. Morreu em quatro dias. Não houve erva curativa ou benzedura que o salvasse.

— Pois agora podes salvar a todos os outros: crianças, jovens e velhos. Podes impedir que se contaminem. Nunca mais verás uma pessoa de teu povo ser roubada pelas mãos da peste.

Valloise explicou em detalhes os mecanismos da vacina e assegurou que, com a concordância de Hanuf, toda a comunidade seria imunizada.

— É uma oferta generosa de tua parte — respondeu o líder dos zíngaros. — Por que alguém gastaria tal remédio milagroso com gente como nós? Bem sabes que somos bandidos e que não gostamos das pessoas da tua raça.

— Eu acredito que os seres humanos são todos de uma mesma raça, meu amigo. Quem sabe um gesto de fraternidade como este possa te fazer pensar duas vezes na próxima vez que quiseres usar teu punhal para roubar ou ferir.

Jean conhecia, por seu próprio exemplo, a alma dos homens simples. Nada falou ainda sobre os meninos du Leplage. Sabia que, antes de pedir um favor em troca de suas boas intenções, deveria prová-las. Mostrar-se confiável era o primeiro passo para conseguir de Hanuf um gesto de retribuição.

No dia seguinte, com a aprovação de Radamel, Valloise voltou ao acampamento cigano com uma equipe de médicos e enfermeiros. Toda aquela pobre comunidade foi inoculada com a droga preventiva.

Os velhos e doentes também foram atendidos, recebendo remédios e indicações de tratamento para seus males. Um cigano, gravemente ferido em uma briga, só conseguiu se restabelecer graças a esta intervenção. O ferimento infeccionado foi limpo e, depois de aplicarem um bálsamo à base de cânfora, fizeram um curativo que lhe salvou a vida.

Quando o trabalho de assistência terminou, Hanuf mandou chamar Jean de novo à sua casa.

— Sou grato pelo que fizeste, Jean Valloise. Tens uma alma cigana em corpo branco.

— Estás enganado, Hanuf. A alma não tem raça, cor ou credo. Todos, sem exceção, somos iguais interiormente. O homem se esquece disto e inventa as diferenças e as guerras. Precisamos nos unir, estar juntos para lembrar quem de fato somos.

Hanuf ouviu em silêncio, admirado com as estranhas idéias daquele homem. Se todos pensassem como ele, o mundo seria um lugar melhor.

Foi então até uma arca que ficava ao canto da sala. Tirou seu colar, de onde pendia uma chave, e a abriu, revelando moedas de ouro, jóias, talheres, relógios; uma enorme quantidade de objetos de valor, fruto dos saques que realizavam.

— Tu nada pediste pelo bem que nos fizeste. Mas quero pagar. Dou-te vinte moedas de ouro e...

Jean interrompeu-lhe a frase, com firmeza:

— Não aceitarei um vintém! Não é isto que desejo. Usa-as para comprar roupas e alimentos para tua gente. Se queres mesmo me recompensar, Hanuf, meu pedido é outro.

— Diga e será feito.

— Há três meninos neste acampamento que não nasceram de teu povo.

— São os três que vivem com Sandor — concordou o cigano.

— Quero levá-los para o orfanato onde trabalho. Lá talvez possam ser reencontrados pelos pais. Também poderão estudar e, no futuro, aprender uma profissão.

— Zitânea! — gritou ele, para o interior da casa.

A bela cigana entrou, acudindo ao chamado do marido.

— Diz a Sandor que traga os três meninos estrangeiros. Vão embora com o doutor.

Zitânea não fez perguntas. Abaixou a cabeça, em concordância, e saiu. Jean sentia-se orgulhoso. Era a primeira vez que alguém o chamava de "doutor".

— Terão comida de graça neste orfanato? — perguntou o líder dos zíngaros.

— Terão todo conforto. Serão muito bem tratados.

— Acho que também irei para lá — gracejou. — Também sou órfão e nunca tive quem olhasse por mim.

Jean sorriu, já seguro de ter conquistado a amizade do bandido.

— Acho que já passaste um pouco da idade.

Naquela tarde, Jean Valloise conduziu Gerard, Luc e François para seu novo lar. O orfanato não era o mesmo que uma casa de família, mas era um lugar limpo e digno, onde seriam bem cuidados e educados.

Gerard estava exultante. Abraçava os irmãos com um encantador sorriso nos lábios, enquanto Jean lhes mostrava as dependências do prédio. Durante a permanência no acampamento, não houve uma noite que não rezasse a Deus, pedindo por aquela libertação.

No mundo invisível, Adelaide também sorria, tomada por intensa felicidade, agradecida pela bondade e sabedoria do Criador.

Obedecendo a desígnios insondáveis, a vida armara uma situação inesperada. Embora Terence du Leplage nem imaginasse, seus filhos tinham sido salvos, e agora seriam criados, justamente pelo homem que agredira e que tanto odiava. Jean, ironicamente, seria guardião dos filhos de quem tinha lhe causado tantos dissabores e contrariedades.

Com seu poder infinito, o Altíssimo sempre busca lavar o mal com o bem, chegando a fazer com que o agredido auxiliasse, ainda que inconscientemente, seu próprio agressor. O destino, que julgamos cego, enxergou mais longe do que os olhos carnais. Fez o prejudicado oferecer sua outra face a quem o atacara. Uma face de firmeza, generosidade e amor.

capítulo 30

MEDIUNIDADE

Em torno do orfanato, as ruas acolhiam, desde cedo, um movimento intenso. Populares, montarias, carruagens e carroças passavam, em estrondosa sinfonia.

A manhã também começava agitada no interior do prédio. Era hora de acordar os meninos e levá-los para a sala de banho. Depois tomavam o café da manhã e seguiam para as aulas de História e Religião.

Os menorzinhos ficavam brincando no pátio e o pequerrucho François já começava a se enturmar com os novos amigos, superando o trauma dos muitos meses que passara com os ciganos.

Valloise observava as crianças em seus jogos barulhentos, sentado em um banco, à sombra de frondosa amoreira. Levantou-se quando viu mestre Radamel se aproximando, sorridente.

— Bom dia, professor.

— Bom dia, Jean. Quero parabenizar-te mais uma vez por ter resgatado os três meninos du Leplage.

— Não podia ter agido de forma diversa. Eles eram prisioneiros naquele lugar. Também folgo em saber que aquela gente bruta e carente está, ao menos, protegida contra a varíola.

— Meu sonho é ver toda a população francesa imunizada. Com esforço, alcançaremos tal objetivo em um ou dois anos.

O professor convidou Jean para sentar-se a seu lado, com cordialidade.

— Teus estudos também têm progredido bastante, meu caro. Acho que é chegada a hora de dares um passo à frente em teu desenvolvimento. Quero que te apresentes amanhã cedo à faculdade. A partir de agora, serás aluno oficial do curso de Medicina. E confio que ainda te tornarás um médico ainda mais dedicado e competente do que eu.

Valloise não se conteve. Deu um forte abraço no professor, que correspondeu com alegria, embora fosse geralmente avesso a manifestações deste tipo.

— Parabéns, meu caro. Estou orgulhoso de ti.

— Não tenho palavras para agradecer, mestre Radamel. O senhor tem sido um pai para mim.

— O mérito é todo teu. Continua a te aplicar com a mesma seriedade. Verás que o curso não é tão difícil quanto parece à primeira vista.

A profunda mágoa que Valloise sentia por ter que viver longe de Claire equilibrava-se na satisfação de começar a cumprir os desejos expressos por sua mãe, naquela já longínqua reunião na casa de Helene Duchamp.

Em diversos momentos, a presença da bondosa amiga se fazia notar. Era apenas uma sensação silenciosa, um arrepio na nuca, um calor nas mãos. Mas Jean tinha uma certeza inabalável de que Helene permanecia por perto, amparando-o e protegendo-o.

De fato, ela havia se tornado uma espécie de guardiã de Valloise, uma amiga dos planos astrais superiores, sempre atenta ao progresso e às necessidades de seu protegido.

Naquela noite, Jean foi dormir ansioso, com a expectativa da primeira aula na manhã seguinte. Não sabia como seria recebido pelos colegas esnobes. E, embora Hermés já estivesse bem adiantado no curso, seria inevitável vê-lo no pátio ou na entrada do edifício. Como o velho amigo reagiria à sua presença tão próxima? Como estaria indo o relacionamento dele com sua amada Claire? Há mais de dois meses, Jean não a via e a saudade o amargurava.

Todos esses pensamentos povoavam a cabeça de Valloise naquela noite, que prometia ser insone. À meia-noite, ele permanecia de olhos acesos, fitando o teto de seu pequeno quarto, nos fundos do orfanato. O cansaço do dia de labuta amortecera-lhe os músculos, mas a mente continuava desperta.

Foi com certo temor que Jean percebeu em seus membros uma energia indefinida, um formigamento, acompanhado de um zumbido constante nos ouvidos. Ondas de tremores sutis, porém perceptíveis, iam e vinham ao longo de todo o seu corpo.

Incapaz de lutar contra a sensação que o dominava, Jean deixou-se levar, quis saber até onde iria o amortecimento e a vibração no corpo, em contraste com a atenção tão desperta e clara da mente.

Qual não foi seu espanto ao sentir a impressão de que seu corpo se dilatava em direção ao alto, leve, como a querer flutuar.

A despeito do medo, tal sensação era profundamente agradável. Como seria bom se pudesse voar, desprender-se de seu corpo, e sair, em espírito, para o céu estrelado lá fora.

A sensibilidade aflorada e a plena consciência continuavam quando o espírito de Valloise de fato se desprendeu do invólucro carnal. Em sua mente, os pensamentos corriam céleres. Talvez estivesse morrendo. Ou quem sabe enlouquecera?

Na verdade, Jean estava experimentando seu primeiro desdobramento consciente. Todos os homens vivenciam tal fenômeno durante o sono profundo, mas só poucos conseguem ter a experiência com a mente relaxada, porém desperta. Era o caso de Valloise.

Enquanto seu corpo permanecia na cama, com a respiração tranqüila e os batimentos cardíacos ligeiramente ralentados, seu espírito alçava um suave vôo em direção ao teto.

Para espanto de Jean, a parede não ofereceu resistência. Foi só pensar no ar livre, na lua brilhando lá fora, e lá se viu, como um balão de gás, subindo e subindo, sem muito controle.

Quando se deu conta de que podia ver a cidade lá embaixo, como um pássaro planando nas alturas, Jean ficou sobressaltado. Achou que, se a distância se tornasse excessiva, perderia a ligação com o corpo lá embaixo e morreria.

Tal pensamento aflitivo funcionou como um comando, lançando-o imediatamente de volta, para o interior do quarto, onde pôde ver a si mesmo, na cama, dormindo.

A sensação de ver seu próprio corpo de um ponto de vista externo foi, no mínimo, extraordinária. Mas aquela noite reservava surpresas ainda maiores para Jean.

Voltando-se para a porta de entrada do quarto, ele divisou um vulto de mulher. Aos poucos, ele foi se definindo, materializando-se mais e mais, até que ele pôde reconhecer a querida amiga Helene Duchamp.

— Não temas, Valloise — ouviu distintamente. — O que se passa contigo é um fenômeno ainda pouco compreendido pela ciência humana, mas perfeitamente natural. Agora que te tornarás médico, terás a chance de estudar tais ocorrências a fundo.

Jean tentou falar, mas percebeu que nessas condições extracorpóreas bastava o pensamento.

— Como é bom rever-te, Helene! — pensou então. — Pareces mais jovem do que antes. Estás feliz?

— Como jamais estive. E Andrés também está muito bem. Agora pode se locomover e falar, sem as limitações que seu corpo doente lhe impunha.

— Diga-me com sinceridade: estou a viver um sonho, não é?

— A vida, em todas as suas manifestações, assemelha-se muito a um sonho, Valloise. Porém não é. É real o que vês e o que sentes. Tens o dom de deixar teu corpo, libertar dele o que chamamos, deste outro lado da vida, de perispírito. É uma palavra ainda desconhecida na Terra, mas logo será concebida e estudada.

— Muitas vezes sinto tua presença. Onde é que tu vives agora?

— Habito um mundo distante, um local de paz e de união entre os seres.

— Então foi longa a tua viagem para visitar-me.

— Não, meu querido. Para o espírito desencarnado e livre, as distâncias se desvanecem. Vim até aqui com a rapidez do pensamento, para dizer-te que muito me orgulho de ti.

— Agradeço-te do fundo do coração, Helene. E minha mãe? Tiveste a chance de conhecê-la?

— Ela está sempre contigo, assim como teu pai. Não imaginas como estão contentes com teu progresso. Amanhã, começarás uma nova fase de tua batalha. Concentra-te, Jean, e estuda. Mas não te esqueças de que também deves dar atenção a matérias que fogem ao currículo da faculdade. Agora mesmo, estás a estudar.

— Não entendo. Saio a voar do meu corpo, vejo-te em espírito, e dizes que estou a estudar?

— És médium, Valloise, assim como eu fui. Porém és ainda mais potente. Deves desenvolver teus dotes de desdobramento, vidência e cura. Olha tuas mãos!

Jean obedeceu e viu que suas mãos tinham se tornado focos incandescentes de luz.

— Esta luminosidade é a expressão espiritual dos sentimentos e intenções que nutres — explicou Helene. — Tens a capacidade de transmiti-los a teus semelhantes. Mas agora repara.

Helene se aproximou e tocou com os dedos impalpáveis o topo da cabeça de Jean. Imediatamente as mãos dele se iluminaram ainda mais, irradiando fachos coloridos e de intensa fluorescência.

— Que foi que fizeste, Helene? Vejo intensos fulgores saindo dos meus dedos!

— Apenas estou somando os meus fluidos aos teus. Percebes como isto fortalece o poder que possuías inicialmente?

Jean admirava, encantado, os raios de luz colorida que extravasavam a área de suas mãos em mais de um metro, formando uma aura de pulsante energia.

— É importante que percebas, Valloise, que um curador espiritual não age sozinho. Seus poderes curativos nunca se limitam a ele mesmo. Sua força reside em se contatar a entidades superiores, seres com maior depuração e controle do fluxo energético. Tu deves lutar para ser um canal puro, um filtro livre de impurezas, e, se possível, um amplificador. Mas recorda-te sempre que as curas que porventura empreendas nunca virão exclusivamente de ti.

— Sim, eu entendo. Tu é que estás a me transmitir essas luzes de tanta intensidade.

— Ainda não estás totalmente correto. Eu te ajudo a criar um fluido mais intenso, mas funciono também como canal comunicante do trabalho de entidades mais sábias e perfeitas do que eu. Em última instância, este poder de cura e reequilíbrio energético vem lá do alto, de seres enviados por Deus, a que costumamos chamar anjos. Eu, tu e nossos mentores espirituais formamos uma corrente, um elo de boas intenções e bênçãos, no qual cada um procura preservar e aproveitar ao máximo o perfeito e intenso impulso inicial. O resultado é a força luminosa e santa que estás a ver. Com o tempo, talvez possas contatar diretamente as entidades angélicas, representantes de um grau evolutivo bem mais avançado do que o nosso. Mas, mesmo então, deves continuar ciente de que o mérito das curas que venhas a realizar nunca será exclusivamente teu. O médium é apenas receptor e difusor deste poder imenso, tão superior a ele próprio. Consegues compreender?

— Não estou certo. É maravilhoso e complexo demais para mim. Hei de estudar este fenômeno para entender melhor seus mecanismos.

Helene envolveu Valloise com emanações incorpóreas de profunda ternura.

— Parabéns, Valloise. Tens um lindo caminho a tua frente. Não esmoreças perante a dificuldade. Lembra que, mesmo na maior escuridão, há luz, pois há Deus em teu coração. Agora me retiro.

— Espera, Helene! — implorou Jean, aflito. — Diz-me ainda uma palavra sobre Claire. Nunca serei plenamente feliz, enquanto estiver apartado dela. Receberemos um dia a graça de estar juntos para realizar o nosso amor?

— O tempo é relativo, Jean... E o amor, infinito. Confia na sabedoria do Criador.

Dito isto, o espírito desapareceu. Jean sentiu-se entorpecido e logo mergulhou no silêncio de uma profunda inconsciência.

Valloise acordou assustado, com o cantar dos galos ressoando lá fora.

A experiência que tivera durante a noite estava clara e vívida em sua mente e em seu coração.

"Terá sido um sonho, meu Deus?", pensou ele, aflito.

Enquanto se arrumava para a primeira aula na faculdade, Jean raciocinava sobre a necessidade de unir os conhecimentos teóricos que aprenderia com a experimentação direta das forças espirituais de que Helene lhe falara. Seu otimismo e confiança o levaram a uma boa conclusão: "Ainda que tenha sido um sonho, hei de torná-lo real".

capítulo 31

A INTERDIÇÃO

Estavam acertados os ponteiros para uma grande virada na vida de Jean Valloise. Ele se dirigiu à Faculdade de Medicina com o coração aos saltos, sedento pelos conhecimentos que viria a adquirir dali para frente.

Os colegas, ao contrário do que esperava, não foram tão preconceituosos e gregários. Ele era um moço de bela estampa, educado, apesar da origem simples, e misturou-se com facilidade aos outros estudantes. Com sua simpatia e espírito franco, logo angariou novos amigos, que o admiravam e respeitavam.

Entre os professores, o jovem Valloise também conquistou estima e admiração. Cientes de suas origens humildes, elogiavam seu esforço e dignidade.

A inconveniente proximidade de Hermés era o pior percalço a enfrentar. Sempre que se avistavam ao longe, no pátio ou em frente da faculdade, mudavam de rota, evitando o confronto direto.

Havia também o antipático aluno du Morancy, o mais esnobe entre os esnobes da França, que, além de riquíssimo, considerava-se um aluno genial. Competitivo e invejoso, logo se irritou por reconhecer em Jean um talento superior ao seu. Não perdia a chance de ironizar o passado do colega, inclusive cunhando apelidos humilhantes. Entre as alcunhas que inventou, a que mais se difundiu entre os estudantes foi "Bigorna".

— O Bigorna pensa que vai se tornar o maior médico da França... Pena que tenha um cérebro de ferro! — gracejava ele, com seus pares.

Jean fingia que não ouvia as chacotas e, na verdade, pouco se incomodava. Nada lhe tiraria a satisfação de ter saído do nada e ingressado na mais conceituada escola médica da Europa.

Jean Valloise progredia, com paciência e força de vontade, enquanto a infiel Marianne seguia ampliando os limites de sua fama e de sua glória. Mas, diferente do dele, seu crescimento era apenas aparente. Por dentro, Marianne só decaía, com seus valores corrompidos e seus deploráveis sentimentos.

Ela já havia conquistado, com seu excesso de estrelismo, o ódio de toda a classe artística do sul da França, mas seus espetáculos seguiam atraindo multidões e, sem alternativa, aturavam-na.

La Forêt Sauvage, o grandioso musical que ela arquitetara, já estava com sua produção em estágio avançado. Terence investira uma verdadeira fortuna na construção do cenário e na contratação dos muitos profissionais envolvidos: músicos, bailarinos, cantores e artistas circenses. Também pagara pelo transporte e a manutenção dos muitos animais, selvagens e silvestres, que tomariam parte na megalomaníaca montagem.

Na arena do teatro romano, já estavam instaladas as imensas montanhas e árvores cenográficas que comporiam o pano de fundo do musical.

O diretor Millet andava de um lado para o outro aos berros, dando ordens e indicações para os diversos operários e artistas. O dia da estréia se aproximava e quase todos os ingressos haviam sido vendidos, sinalizando o mais retumbante sucesso que o exigente mestre da música já tivera em sua carreira.

Terence acompanhava o progresso dos ensaios em silêncio, engolindo uma terrível carga de tensão e impaciência. A dívida monstruosa que contraíra latejava-lhe nas têmporas. Em casa, qualquer motivo bastava para tirá-lo do sério.

— A estréia lotada não bastará para pagar um quinto do que investi, Marianne — explicava ele. — Se não lotarmos aquele gigantesco teatro por três noites, posso desistir do meu futuro. Antes de me colocar na cadeia, meus credores me arrancarão os dentes e os bens.

— Acalma-te, Terence. O público da Provença me adora, já o provei. Virão de todos os cantos para me prestigiar. Lotaremos este ginásio por cinco ou até seis noites, ou eu não me chamo Marianne du Leplage.

Terence pensou em lembrar à diva que aquele não era mesmo o seu nome real, porém preferiu não irritá-la. Aprendera a temer suas explosões.

Em lugar de afrontar Marianne, ele se acostumara a descarregar a ansiedade sobre o pobre Rénine, que mal passara dos dois anos. Berrava com a criança e, não raro, dava-lhe palmadas pelos pretextos mais fúteis: um tombo, um resmungo, um esgar de choro.

Quanto mais Rénine crescia, mais Terence o odiava, tão diferente de si, com aqueles olhos negros e profundos, que sabia ter herdado do pai.

"Depois que encerrarmos esta loucura", pensava ele, "eu o mandarei para um internato. Marianne não fará objeções, pois que também despreza o pequeno bastardo".

Ao lado de Terence, o invisível Horace ouvia tais pensamentos com indignação. Não permitiria que o empresário se desfizesse de seu sobrinho, como se fora um traste. Já era sofrido testemunhar tantos gritos e broncas, dirigidos a um ser tão indefeso e puro como Rénine.

A cada dia, Horace se arrependia mais de ter insuflado no coração de Marianne o desejo de seguir Terence. Jamais simpatizara com Jean Valloise, mas sabia que, por seu temperamento pacato, o ferreiro jamais se mostraria tão insensível e injusto com uma criança.

Assistindo a tudo, Adelaide comemorava a progressiva conscientização de seu protegido. Tinha cada vez mais esperança de resgatá-lo para a luz.

Na noite anterior à grande estréia, Marianne estava a ponto de explodir de excitação. Aproximava-se a grande consagração, o sucesso retumbante e incontestável, que jogaria por terra todo o seu passado de miséria, quando só cantava à beira do fogão a lenha ou à sombra do varal. Seria a mais radiosa das estrelas, a brilhar nos píncaros do firmamento.

No colossal teatro, inúmeros trabalhadores davam os últimos retoques no cenário de *La Forêt Sauvage*. Para dar mais realismo à floresta de madeira, metal e pano, vários animais selvagens enjaulados tinham sido espalhados pelo palco. Uma pantera negra e um leão tinham sido importados da África, por um preço exorbitante. Tudo para cumprir à risca os desvarios de Marianne.

Os infelizes prisioneiros mostravam-se irritadiços, andando de um lado para outro em suas exíguas prisões, como a pressentir algum perigo oculto.

Na noite seguinte, o céu estrelado e a lua cheia iluminavam o público que se aglomerava diante do portão principal. O clima da estréia era festivo e elegante.

No interior do coliseu, Marianne já vestira seu exuberante figurino e sua peruca de três andares. Músicos e bailarinos estavam a postos.

Terence e Millet já tinham tomado diversas taças de champanhe para enganar a tensão e escolheram um lugar privilegiado em um dos camarotes.

Faltavam cinco minutos para a abertura das portas quando começaram a ouvir, vindo das ruas perpendiculares ao teatro, um ruído surdo e cadenciado. O empresário e o diretor se entreolharam, em muda interrogação, pois o ruído insistia e aumentava.

Lá fora, a agitação começou a tomar conta do público, amedrontado com o barulho que, em um instante, revelou sua face concreta: tratava-se de uma coluna completa da Guarda Nacional: mais de cem homens em passo de guerra, avançando para o teatro.

Espalhados pelo país em nome da nova ordem e da preservação do poder de Robespierre, destacamentos militares como aquele eram respeitados e temidos. Tinham plenos poderes para repreender, julgar e condenar, até mesmo à morte.

Em poucos minutos, a entrada para as arquibancadas foi barrada pelos soldados. Ali e em cada esquina, um orador explicava à população os motivos de tal operação. Em uma palavra, Marianne du Leplage e seus aliados tinham caído em desgraça. O tribunal popular de Paris condenara o duque e a duquesa de Montserrat à guilhotina, como inimigos da nova França. E eles eram, sabidamente, protetores da cantora, do empresário e do diretor do espetáculo. Por ordem da Assembléia Constituinte, a apresentação de *La Forêt Sauvage* estava proibida. Quem quer que adentrasse o teatro, estaria sendo conivente com aquela manifestação criminosa.

Segundo os panfletários oradores, a verdadeira música, a que devia ser reverenciada e aplaudida, era aquela nascida da Revolução: os hinos e marchas patrióticos, propagadores dos ideais de liberdade, igualdade e fraternidade.

Ciente de que não veria o espetáculo, o público começou a exigir o dinheiro de volta. Os bilheteiros não tiveram outra saída senão atender à multidão.

Ao longe, uma misteriosa mulher observava o tumulto com o coração aos saltos, sorrindo triunfante. Era a rival de Marianne, a cantora que o público esquecera: Sophie Gail. Como ela gostaria de estar lá dentro. Adoraria ver a cara de Marianne quando soubesse que não iria estrear!

Quando Terence soube da interdição, seu coração quase lhe saiu pela boca. A impossibilidade de apresentar *La Forêt Sauvage* era a decretação de sua ruína.

Millet tinha entrado em uma crise de choro e pânico.

— Estamos perdidos, Terence! Mandaram os Montserrat à guilhotina! Seremos os próximos!

— Mas o duque e a duquesa jamais deram um vintém que fosse para auxiliar a carreira de Marianne! — gritava Terence, indignado. — Só pelo fato de a terem apresentado à sociedade, passaram a se dizer mecenas.

Ele se calou por um instante e remoeu-se em busca de uma solução.

— Talvez possamos liberar o espetáculo se provarmos que os Montserrat não têm uma ligação direta com o empreendimento. Vamos tentar conversar.

Millet estava à beira de um desmaio.

— Vá sozinho, se és capaz. Diz aos líderes da Guarda Nacional que somos inocentes. Quanto a mim, estarei feliz se me deixarem sair daqui com vida!

Marianne permanecia no centro do palco, ainda alheia à própria desgraça. Já estava enfadada de aquecer a voz, com trinados curtos, e a espera a exasperava. Empoleirada em um falso vulcão de madeira pintada, entrou ela mesma em erupção:

— Terence! — gritou, de longe. — Por que o público não entra? Já estou pronta há séculos!

Terence sentou-se, arrasado, com as mãos apoiando a cabeça. Aquelas pessoas lá fora jamais ouviriam Marianne du Leplage cantar novamente.

capítulo 32

DESENVOLVIMENTO MEDIÚNICO

Enquanto a desgraça se abatia sobre Marianne e Terence, Valloise se aprofundava nos segredos da profissão que seu destino lhe indicara.

Antes mesmo de receber o título de doutor, passou de servente a enfermeiro, e acompanhava o mestre Radamel nas cirurgias e atendimentos clínicos. Com a aprovação do professor, começou a realizar experiências com passes magnéticos, somados ao tratamento convencional.

Um tanto descrente no início, Radamel constatou um avanço significativo nas curas de pacientes que recebiam, concomitantemente aos remédios, o acompanhamento espiritual. Espantado com os resultados, o mestre pôs-se a estudar, junto com Jean, os mecanismos e os efeitos curativos dos passes, comprovando-lhes cada vez mais a eficácia.

Em poucos meses, as experiências tornaram-se conhecidas pelo corpo docente da faculdade, onde foram recebidas com descrença e até mesmo indignação. Acusavam Radamel de usar a fragilidade dos doentes para manipulá-los e influenciá-los psicologicamente. O mestre, porém, era um homem prático, atento a resultados, interessado em curar acima de tudo. E os efeitos salutares do trabalho mediúnico de Jean eram matematicamente comprovados, traduzindo-se em um avanço nas curas que beirava os trinta por cento.

O procedimento do tratamento com passes funcionava da seguinte forma: Jean Valloise fechava-se com o enfermo em um quarto escuro. Orava e pedia, mentalmente, o auxílio de Helene Duchamp e de outros mentores do plano espiritual. Entrava então em uma espécie de transe, sem perda total de consciência. Suas mãos, dominadas pela energia que vinha das esferas invisíveis, realizavam movimentos rápidos e semimecânicos sobre o corpo do atendido, o que significava que os gestos eram em parte controlados por Jean e, em parte, comandados pelos amigos invisíveis. Apenas alguns minutos por dia eram suficientes para apresentar resultados.

Tanto Jean quanto Radamel tinham duas convicções a respeito: primeiro, que o tratamento com os passes devia ser sempre coadjuvante do tratamento principal, não prescindindo de remédios e mesmo de intervenções cirúrgicas, quando necessário. Devia ser, assim, um auxiliar do preponderante atendimento físico. Em segundo lugar, acreditavam que a fé, a convicção do próprio paciente na possibilidade de se curar, era elemento fundamental para a eficácia da nova terapia.

A fama de Valloise e do hospital difundiu-se por toda a Paris, onde os experimentos relacionados à espiritualidade andavam na moda.

A alta sociedade realizava verdadeiras festas místicas, nas quais curiosos se entregavam a sessões com as chamadas "mesas falantes". Grupos de cinco ou seis pessoas se concentravam à volta de uma pequena mesa ou tamborete, invocando a presença de espíritos. Estipulavam um código para propiciar a comunicação, onde uma batida significava "sim" e duas indicavam "não". Em seguida, faziam perguntas as mais diversas. As mesas produziam fortes estalos como resposta e, não raro, eram relatados casos em que as mesas giravam, debatiam-se e, até mesmo, eram arremessadas pelo ar, com violência.

Eram experiências ainda primitivas e simples, mas comprovavam de maneira contundente a existência de energias supranaturais, capazes de produzir efeitos físicos.

Dentro deste clima de experimentação dos fenômenos ocultos, os parisienses logo elevaram Jean Valloise à categoria de guru curador. A procura pelo hospital de Radamel aumentou a olhos vistos.

Jean não gostava da publicidade e insistia em permanecer um homem de hábitos simples, pouco afeito àquela súbita notoriedade.

Os colegas de Radamel acusavam-no de estar apoiando uma encenação mal-intencionada. Algo semelhante ao que oferecia o controverso magnetizador Franz Mesmer, que se rendia ao aparato espetaculoso de apresentações públicas e se intitulava cientista às claras e milagreiro às escuras.

Avesso à controvérsia e à polêmica, Radamel aferrava-se apenas aos números. Um maior número de curas significava maior eficácia de seu hospital. E curar era o estandarte de sua luta.

Para Jean, foi uma fase de experimentação profícua e empolgante. Sua mediunidade mostrava-se cada vez mais aflorada, refletindo-se em sensações físicas. Muitas vezes, chegava a seu quartinho, nos fundos do orfanato, exaurido. Sua cabeça latejava, o couro cabeludo formigava e os braços ficavam dormentes. Nada que uma boa noite de sono não curasse, porém era valioso para Jean perceber tais efeitos em seu próprio corpo, podendo observar os sintomas mais materiais do trabalho energético sem precisar recorrer a relatos de terceiros.

Radamel, homem isento de preconceitos e aberto à sabedoria de outras culturas, apresentou a Jean as teorias orientais do funcionamento orgânico. O mestre explicou a Valloise que os indianos e chineses compartilhavam, há séculos, a convicção de que o corpo humano possui pontos energéticos definidos, através dos quais os órgãos físicos se conectam a seus correspondentes espirituais e realizam o necessário intercâmbio de fluido vital com o universo.

Jean teve acesso, assim, à teoria dos Chakras. Em número de sete, os Chakras ou Vórtices Energéticos são centros de força, pontos nevrálgicos do corpo, distribuindo-se ao longo da coluna até chegar ao alto da cabeça. Através destes pontos de energia, os espíritos se conectam ao ser encarnado, mesmo quando este não se dá conta de tal contato com o invisível.

Jean bebia tais conhecimentos novos com volúpia. Eles ajudavam a compreender suas sensações físicas como médium, tornando-as mais inteligíveis e controladas.

No caso de Valloise, além das mensagens intelectuais — palavras e frases — que os espíritos lhe dirigiam, e que cada vez mais conseguia compreender, ocorria a comunicação silenciosa das energias curativas.

Suas experiências logo o levaram a perceber que os passes magnéticos podem agir de três principais maneiras: eles podem ser potentes doadores de força e energia; também podem funcionar como aliviadores ou dispersores de tensões localizadas, excessos energéticos que podem causar, por exemplo, as inflamações;

finalmente, os passes podem ser harmonizadores, reequilibrando o fluxo energético do perispírito e contribuindo, conseqüentemente, para a sanidade do metabolismo.

O objetivo principal do passista curador é restabelecer, no corpo do doente assistido, o equilíbrio saudável de sua energia corporal e perispiritual. Assim, sua arte é ter sensibilidade suficiente para identificar quais Chakras ou Vórtices Energéticos estão sobrecarregados e quais estão carentes de força vital, buscando alcançar uma equanimidade de tais forças. Com o restabelecimento da correta circulação dos eflúvios vitais no perispírito, sobrevém a almejada cura dos órgãos físicos.

Naturalmente, todo o tratamento precisa ser coordenado e assistido pelas entidades superiores que doam os eflúvios e lhes conferem suas qualidades. E nenhum passe terá efeito jamais se não for embasado pelos sentimentos de fé, de amor, e pela santa intenção de ajudar.

A cada dia que passava, Jean Valloise se tornava mais senhor de tal arte sutil e abençoada.

capítulo 33

O DESAFIO

Uma noite, enquanto estudava em seu quartinho nos fundos do orfanato, Valloise foi surpreendido por batidas à porta.

Abriu e qual não foi sua emoção ao ver que era Claire Radamel.

— Não me mandes embora — disse ela. — Sei que não deveria estar aqui, mas meu coração não me dá descanso. Preciso ter uma séria conversa contigo.

— Entra — disse Jean, simplesmente.

Claire adentrou o recinto, retirou sua capa e a depositou sobre uma cadeira. Então voltou para Valloise seus olhos luminosos.

— Não há tempo para rodeios. Portanto, vou direto ao ponto: Hermés quer marcar a data do nosso casamento até o final deste ano.

Valloise sentiu as pernas fraquejarem. Não suportava a idéia de perder Claire para sempre.

Ela se pôs cara a cara com seu amado, corajosa e confiante.

— Vamos fugir, Jean! Irei contigo para onde quiseres. Disseste uma vez que me amas. Também te amo com todas as forças de minha alma. Recomeçaremos nossas vidas onde não conheçam nosso passado e onde eu possa ser tua esposa.

Jean não disse nada. Apenas tomou-a nos braços e lhe deu o mais apaixonado beijo que um homem já deu em uma mulher.

— Sinto-me um fraco diante de tua coragem — disse ele, por fim.

— É o amor que me põe tão forte. Salva-me, Jean, de um destino infeliz. Não amo Gustav Hermés. Sinto que meu lugar é a teu lado.

— Largarei tudo — concordou Jean, com decisão. — O trabalho, a faculdade, nada mais me importa. Se suportei viver apartado de ti até agora, Claire, foi em nome de tua honra e felicidade. Mas vejo que não te submeterás aos reclames da sociedade e de tua família.

— Não me casarei com Hermés, ainda que esteja sob o fio de uma espada. Ou seguiremos juntos ou me fecharei para o resto dos meus dias em um convento.

— Estás convicta do que dizes? Deixarás para trás tuas raízes e teu passado para seguir comigo?

— Coloco minha razão e minha vida em cada palavra que digo. Fujamos para outro país. Ninguém saberá de nossa vida anterior. Assumirei teu nome e diremos que somos casados. Quem há de duvidar? Onde quer que seja o nosso novo lar, poderás voltar a trabalhar e estudar, até tornar-te um médico como desejas.

— Estás mesmo convicta?

— Estarei ao teu lado, Jean, ou morrerei para todos os homens na obrigação do voto religioso. A escolha está em tuas mãos. Diga agora, Valloise. Diga qual será o meu destino.

— Fugiremos! — sentenciou Jean, com firmeza.

Quando deixou o orfanato, protegida pela escuridão da madrugada, Claire não reparou no vulto que a espreitava da esquina.

Era Gustav Hermés. Desconfiado e ciumento, ele se acostumara a segui-la incógnito, onde quer que ela fosse. Sentia que ela correspondia ao amor de Valloise e ansiava por uma prova de infidelidade para confirmar suas suspeitas.

Agora não tinha mais dúvidas de que estava sendo traído. Vira-a seguir para os aposentos de outro homem, no meio da madrugada. E tudo que podia concluir é que o rápido encontro havia sido romântico e imoral. Em sua mente febril, imaginou que tais conluios furtivos fossem uma prática comum e constante entre Jean e sua noiva. Apaixonado por ela e ainda mais magoado com Jean, que fora tão próximo e amigo no passado, Hermés sentia o sangue ferver. Estava dominado por uma onda de sentimentos negativos: tristeza, rancor, despeito, um ódio crescente e dominador.

O negror de seus pensamentos cegava sua razão e determinou-se a resolver a questão de forma definitiva.

Ao ouvir fortes pancadas na porta, Valloise pensou que Claire tivesse retornado. Abriu e deu de cara com o noivo revoltado e ofendido.

— Não digas uma palavra, Jean! Eu vi tudo. Não há o que negar.

Jean compreendeu que Hermés estava ciente da visita que sua amada lhe fizera.

— Não tires conclusões precipitadas, Gustav. Claire Radamel é uma moça honrada. Tudo que fez foi conversar comigo.

— No meio da mais alta madrugada? — urrou Hermés. — Desde quando uma moça de princípios foge de seu lar abençoado, sob a mais negra noite, para se atirar aos braços de um homem casado?

Jean não podia encontrar meios para demover o antigo amigo de sua mórbida certeza. O conflito entre eles estava mais declarado do que nunca.

— Amanhã, a esta mesma hora, espero-te na saída da cidade, perto das ruínas do velho mosteiro franciscano.

— De que estás falando, Hermés? Acalma-te, homem. Não cometas um desatino!

— Eu sou apenas vítima de tua concupiscência, Valloise! Se há algum desatino nesta história, está em tua insistência atroz em roubar-me a mulher que amo. Só um duelo pode limpar minha honra. Avisei-te no passado que a lavaria com sangue, se a soubesse conspurcada.

Jean tentou retrucar, mas Hermés impediu.

— Nem mais uma palavra, ferreiro! Empunharás a pistola e me enfrentarás no descampado, atrás do mosteiro. Que vença o melhor.

Jean estava fadado a concordar e calou-se. O ultrajado Hermés partiu com a mesma rapidez com que chegara.

Na noite seguinte, um dos dois deveria estar estirado na terra úmida, com uma bala encravada no coração.

capítulo 34

OPERAÇÃO ESPIRITUAL

Jean não conseguiu conciliar o sono, após o desafio de Hermés. Não podia se imaginar atentando contra a vida de um homem que tanto o ajudara e por quem nutria ainda um sentimento de afeto e amizade. Mas também não podia deixar de se defender. Negar-se a comparecer ao duelo era uma alternativa excluída a princípio: seria sua ruína como homem, algo impensável para a moralidade da época.

Que costume mais bárbaro e infeliz aquele, que tantos levava para o túmulo em nome de intrigas amorosas, mal-entendidos e fúteis desavenças. Era deplorável não ter alternativa senão empunhar a pistola e disparar.

De manhã bem cedo, Jean dirigiu-se ao hospital, como de costume. Enquanto não chegava a hora aprazada para a disputa mortal, só lhe restava entreter-se no trabalho.

Pensou em informar Claire do fatídico convite de Hermés, mas preferiu não apavorá-la. Seu concurso em nada mudaria aquele infeliz destino. Melhor que permanecesse na tranqüilidade da ignorância, agarrada à alegre certeza de que fugiriam juntos, felizes, enfim livres para viver seu amor.

Ao entrar na recepção do hospital, onde os pacientes novos aguardavam suas consultas, Valloise teve uma grande surpresa. Sentada em um dos bancos de madeira, estava uma bela moça ruiva. Ao seu lado, um velho de cabelos brancos. Eram ninguém menos que Celeste e seu pai, Philippe Laurent, o lavrador que comprara as terras de Helene Duchamp.

A gentil Celeste estava com um ar muito aflito, enquanto o pai mantinha-se alheio, parecendo abatido e alquebrado.

Pressentindo a presença de Jean, ela volveu a ele os olhos bondosos e azuis. Por um segundo, pareceu confusa e incerta, mas, em um átimo, iluminou-se com um vasto sorriso, e se levantou.

— Jean Valloise? És tu mesmo?

— Celeste! Que felicidade rever-te.

Os dois apertaram-se as mãos com calorosa alegria. Seus caminhos tinham se reencontrado como ela previra, seguindo as tramas misteriosas da malha do destino.

O pai de Celeste procurava compreender o que se passava, contudo parecia confuso. Em breve Jean entendeu o motivo: Philippe tinha começado a perder a visão há cerca de um ano. Inicialmente, via sombras e pontos luminosos diante dos olhos. Com o tempo, o esfumaçamento foi se intensificando e, agora, mal conseguia distinguir o que estava próximo.

Sem médicos ou hospitais confiáveis nas proximidades do distante subúrbio onde viviam, Celeste decidira trazê-lo a Paris, em busca de atendimento adequado. Ao saber que Jean era enfermeiro do hospital e estudava para se tornar médico, ficara esperançosa.

— Quem sabe não podes ajudar meu velho pai, Valloise? Sua cegueira nos mortifica. Eu e minha mãe mal conseguimos dormir ultimamente, de tanta aflição.

Jean procurou confortá-los o melhor que pôde. Prometeu que os encaminharia para Radamel, um dos mais competentes cirurgiões da França. Se ele não conseguisse resolver o problema, dificilmente outro profissional obteria sucesso.

— Eu te agradeço muito — disse a doce Celeste. — Parece que foi Deus quem te pôs de novo em contato conosco. Lembro quando partiste em direção à cidade grande. Algo em meu peito afirmava que não era um adeus, mas apenas um até breve. Sabia que ainda tornaríamos a nos ver.

— Este mundo é mesmo menor do que costumamos imaginar — disse Jean, com um sorriso. — Vem. Vamos até a sala do meu mestre. Ajuda teu pai para que nos acompanhe.

— Tu ficarás conosco durante a consulta?

— Tenho o dia inteiro para estar convosco. Amanhã, já não sei.

— Por quê? Vais viajar?

— É possível... — concordou Jean, tristemente. — Para muito longe.

Radamel examinou Philippe Laurent com toda a atenção, minucioso como sempre. Sabendo que se tratava de um amigo de Jean, queria dar ao paciente o melhor dos atendimentos. Seu desejo era poder dar boas notícias, aquecer a esperança. Mas, infelizmente, sua seriedade profissional o impediu de mentir. Ao final do exame, sentou-se diante de Celeste, Philippe e Valloise, com uma expressão constrangida.

— O resultado dos exames, desafortunadamente, não é dos melhores. O senhor Laurent está com glaucoma em estágio avançado. Não existe cirurgia que possa corrigir as seqüelas de tal moléstia. A dificuldade visual que vem se instalando vai progredir ainda mais até a cegueira total.

Celeste não conseguiu conter a onda de choro que a dominou. Soluçando, abraçou o pai.

— Não percam a esperança, eu vos peço — continuou Radamel. — A medicina convencional está de mãos atadas, no momento. Meus conhecimentos científicos, por enquanto, são inúteis. Porém talvez, no futuro, consigamos encontrar mecanismos técnicos para enfrentar tal doença. Além disso, resta uma força que vai além da ciência e que sempre tem o condão de ajudar. Jean tem conseguido realizar, com bons resultados, terapias espirituais. Embora eu não creia que haja chance de melhora física, o tratamento trará mais confiança para encarar os sintomas da doença, mais tranqüilidade e domínio sobre a desgraça para que, além da visão, o senhor Laurent não perca o fundamental, que é a fé.

Celeste olhou para Jean como quem se agarra a um arbusto, evitando a queda nas profundezas de um penhasco.

— Concordas em aplicar tal tratamento em meu pai, Jean?

— Claro que sim — respondeu ele. — Comecemos imediatamente. Conforme disse o professor, não há grandes chances de melhora para o corpo, mas a alma há de se sentir mais fortalecida.

Philippe voltou para Jean os olhos sem vida.

— Então a profecia se cumpre, Valloise! Seguiste os passos de nossa amiga Helene. Fico feliz, pois sei que através de teu concurso sentirei de novo a sua presença amiga e consoladora. Só de pensar nisto, já me sinto melhor.

Jean fechou-se em um quarto escuro com o pobre Philippe. Pediu que ele se deitasse sobre a cama e relaxasse os músculos ao máximo, como se estivesse à beira do sono. Concentrou-se então em Helene Duchamp, implorando que ela lhe desse forças e luz suficientes para auxiliar, um pouco que fosse, aquele homem desenganado.

A intensidade de sua concentração atingiu a força de uma prece e Jean entrou em transe profundo, um êxtase místico onde podia ver luzes de múltiplas cores descendo sobre o recinto e envolvendo-lhe as mãos em santas emanações de cura.

Pôs-se a dar os passes com toda a firmeza interior de que era capaz. Naqueles instantes, Claire Radamel, Gustav Hermés, a pretendida fuga de Paris, o duelo, tudo sumiu de sua mente para dar lugar a uma energia, plena e potente, de confiança e amor.

As mãos impalpáveis de Helene Duchamp passaram a comandar as mãos físicas de Valloise. Mesmo sem ouvir suas palavras, ele podia intuir as ordens e comandos da amiga.

Os mentores dos planos espirituais mais elevados tinham autorizado, mais do que um passe de reequilíbrio energético, uma verdadeira operação espiritual.

A energia fluídica que emanava dos dedos de Valloise condensou-se em um único raio luminoso, de intensa vibração magnética. Seria algo semelhante ao que hoje denominamos raio laser: um feixe de luz de intensa pureza e grande poder penetrante nas fibras materiais.

O raio de altíssima vibração atingiu o centro de um dos olhos de Philippe, destruindo a obstrução sangüínea que formara um coágulo atrás do cristalino. Ao mesmo tempo, serviu para aliviar a pressão interna da pupila, levando-a a se reacomodar no volume natural.

Na seqüência, o mesmo procedimento foi realizado no outro olho. E, para encerrar, Jean foi induzido a realizar um passe nos dois olhos, sedando os resquícios da dor que Philippe vinha sentindo há meses. Com isto, cicatrizou-se e esterilizou-se o serviço feito no perispírito, imediatamente comunicado à estrutura do corpo carnal.

Quando Jean abriu a porta do quarto, Philippe dormia profundamente. Ele se sentia extenuado, embora dominado por um sentimento de grande satisfação e paz. A doação curativa desgasta o passista num primeiro instante, mas logo recarrega-o com novos fluidos, puros e equilibrados.

Celeste e Radamel, já preocupados com a demora, aproximaram-se ansiosos de Jean.

— Como foi? — perguntou Celeste.

— Não posso dizer — disse Valloise. — Temos que perguntar a Philippe se percebe alguma melhora.

Radamel era o mais reticente:

— Não alimentes grandes esperanças, Celeste. No máximo, conseguiremos deixar teu pai mais seguro e confortado.

Surpreendentemente, Philippe apareceu na porta, com uma expressão maravilhada. Lágrimas escorriam de seus olhos, que haviam recuperado brilho e vivacidade.

— Posso enxergar novamente! — exultava ele. — Consigo ver tudo com clareza! Com perfeição! Posso ver de novo teus cabelos de fogo, que tanto amo, minha filha!

Celeste ficou eufórica:

— Que dizes, meu pai? Estás então curado?

— Enxergo melhor agora do que antes da doença.

Celeste abraçou o pai, às lágrimas.

Todos foram envolvidos por um sentimento de grande devoção, agradecendo silenciosamente à força que curara Philippe e que agora os rodeava: a força milagrosa e sem limites do Criador.

capítulo 35

O DUELO

Já era noite alta e Claire Radamel olhava as estrelas luminosas da sacada de seu quarto. Pensava na ventura que dominaria sua vida quando estivesse já em outro país, ao lado de seu único e verdadeiro amor.

Romântica como a maioria das moças daquele final de século XVIII, Claire não deixava de possuir uma sensata visão do futuro. Sabia que estaria abrindo mão do conforto e do luxo em que crescera, que não mais contaria com a proximidade de parentes e amigos queridos. Acima de tudo, doía-lhe saber que não mais privaria da companhia do adorado pai. Mas todo este sofrimento seria compensado pelo idílio do amor abençoado, pelo entrelaçar de fios que as encarnações antigas tinham soltado e que agora voltavam a se unir, na teia complexa da existência.

Os pensamentos de Claire foram interrompidos pela chegada de uma das criadas, que trazia uma carta lacrada, sobre uma salva de prata. Pelo brasão impresso no selo, viu que se tratava de uma missiva de Hermés. Julgou que fosse apenas mais uma de suas melosas declarações poéticas, que tanto a enfastiavam e constrangiam.

Mas, ao ler a carta, Claire sentiu seu sangue gelar. Havia em tais linhas uma urgência evidente, uma agitação febril, uma entrega definitiva de sentimentos apaixonados. Nas entrelinhas, percebeu que se tratava de uma possível despedida, e também de uma ameaça. Havia, na carta, a agonia de um coração partido, magoado, sedento por reparação.

A última frase, principalmente, impressionou-a:

Ainda que eu mergulhe nas águas turvas da morte, encontrarei consolação, amada. Não serás mais minha, mas a inconsciência do túmulo permitirá que eu durma tranqüilo, ignorante da dor tamanha de saber-te entregue aos braços de outro. Reza por mim, por caridade, Claire, seja eu algoz ou vítima fatal de tua cruel indiferença.

Com o coração aos saltos, Claire correu para a biblioteca, onde Radamel saboreava seu cachimbo, rodeado pelos livros que tanto apreciava.

— Hermés está em vias de cometer um desatino, meu pai! O suicídio ou o crime foram os inspiradores desta carta. Leia, eu te imploro!

Radamel empunhou seus óculos de leitura e tomou ciência da fatídica mensagem.

— "Algoz ou vítima"... — leu ele em voz alta. — Trata-se, creio eu, de um duelo, filha! Hermés está em vias de se bater com...

— Com Jean Valloise! — completou Claire, antes do pai.

Radamel a encarou, severo.

— Aconselhei que te afastasses de Jean e que o esquecesses! Foste pueril e ignominiosa a ponto de trair minha confiança e a de teu noivo?

— De nada me envergonho — respondeu Claire, corajosa. — Nunca escondi que amo Valloise. Disse-o com todas as letras e o senhor preferiu cerrar os ouvidos.

— Manchas o nome honrado dos Radamel — murmurou o professor, amargo. — E podes ser responsável por uma tragédia. Neste momento, dois homens de valor devem estar se batendo por ti.

Claire caiu de joelhos, aos pés do pai. Perdera as forças para permanecer encarando-o, e agora chorava, infeliz como jamais estivera. Sua juventude e bondade sofriam, assim, o golpe mais duro que já se lhe apresentara, ao menos no decorrer daquela encarnação.

No descampado, atrás das ruínas do mosteiro franciscano, Jean e Gustav já estavam prontos para o confronto fatal.

Du Morancy e Olav Pompiére, ambos colegas de classe de Hermés, haviam sido convidados para servir de testemunhas.

O afetado du Morancy segurava a almofada vermelha onde repousavam as pistolas de cabo de marfim. Ciente das regras cavalheirescas dos duelos, aproximou-se primeiro de Jean, que fora o desafiado.

— Escolha tua arma, Valloise. Que tua mão seja guia de tua alma.

Jean sentia o peso do mundo depositado em seu espírito. A violência e o crime não faziam parte de seu caráter, mas, sem alternativa, empunhou uma das armas de fogo.

Hermés pegou a pistola restante e experimentou engatilhá-la. Estava pálido, com os cabelos molhados de suor nervoso. Mas não tremia, e seu olhar tinha a determinação alucinada dos amantes ofendidos. Em momento algum, encarou Valloise. Tinha medo de fraquejar diante dos olhos negros do amigo que tanto admirara no passado. Prometera a si mesmo só olhá-lo na hora do desfecho, quando dois disparos selariam seus destinos para sempre.

As testemunhas se postaram sob um velho carvalho frondoso, e os dois oponentes, iluminados pela luz da lua cheia, puseram-se costas contra costas, prontos para o combate.

Du Morancy deu a ordem e dez passos rápidos foram dados de cada lado. Voltaram-se no mesmo instante os dois homens, e apontaram suas pistolas na altura do peito do oponente.

Os disparos soaram no mesmo segundo, combinando-se em único estampido fatal.

Valloise e Hermés caíram juntos sobre a relva baixa do descampado, os dois com ampla mancha de sangue colorindo o tórax, ambos tendo a lua cheia como última visão antes do mergulho profundo na inconsciência.

capítulo 36

DOIS CASAIS

A luz da manhã invadiu o quarto do hospital, despertando Valloise de um sono profundo. Tentou se movimentar no leito, mas uma dor aguda no peito fez com que desistisse.

As imagens do triste combate da noite anterior vieram-lhe à mente. Ficou profundamente angustiado ao lembrar que também alvejara Hermés. Talvez o oponente não tivesse tido a sua sorte e estivesse morto, àquela hora.

A porta do quarto se abriu e mestre Radamel entrou, acompanhado de uma enfermeira e de Claire, que se sentiu profundamente aliviada:

— Estás acordado! Bendito seja Deus!

— Como estás te sentindo, Valloise? — perguntou o médico.

Jean não conseguia responder. Tinha os olhos fixos em Claire. Sentia-se mortificado por toda a situação que ora enfrentavam, em nome de seu grande amor. Por que tinham que encarar tanto dissabor e constrangimento quando tudo o que queriam era o direito de viver o mais intenso e puro sentimento que um casal pode compartilhar?

Claire aproximou-se do leito, pressentindo a angústia de seu querido amigo. Tomou-lhe a mão entre as suas, com gentileza.

— Hermés também está vivo, Jean. Tranqüiliza teu coração.

— Louvado seja o Senhor! — exclamou Valloise, aliviado. — Jamais me perdoaria se o tivesse matado.

O professor Radamel também se aproximou, enquanto a enfermeira cuidava dos preparativos para fazer um novo curativo no enfermo.

— Tiveste um pulmão perfurado, amigo. Deves estar com muita dor.

— Só quando respiro, professor — respondeu Jean, tentando recuperar o bom humor que lhe era peculiar.

Radamel sorriu, contudo recuperou seu ar severo em seguida.

— Du Morancy e Pompiére colocaram-me a par de todos os detalhes do duelo, ontem de madrugada, depois que os trouxeram ao hospital. Hermés está experimentando os resultados de sua impulsividade. Bem sei que foi ele o desafiante e renego, com veemência, a atitude que tomou.

— Ele está muito ferido?

— Está pior do que tu, muito enfraquecido, mas acredito que fora de perigo. A bala por pouco não atingiu o coração. Retirá-la foi uma provação para mim e, por pouco, não o perdi durante a cirurgia.

— Quero ajudar em sua recuperação, mestre. Permita que eu ministre nele o tratamento de passes curativos.

— Nem mesmo tem forças para tanto, meu caro. Quando estiveres melhor, poderás contribuir no tratamento. Hermés é um rapaz forte e saudável. Tenho fé que se livre da febre e da debilidade que o dominam em alguns dias.

Claire aprovou a generosidade de Jean, orgulhosa de seu desprendimento. Embora ferido por Gustav, pensava em auxiliá-lo e desejava, com sinceridade, a sua melhora.

— Por enquanto, deves te concentrar em teu próprio benefício, Jean — disse ela, com doçura. — Precisas ficar bem para que possamos viajar.

Jean não compreendeu a atitude dela. Como Claire podia falar a respeito da planejada fuga ali, diante de seu pai?

Radamel pediu à enfermeira que os deixasse a sós, incumbindo-se ele mesmo da troca de bandagens no tórax ferido de Valloise.

Assim que a moça saiu, o professor o encarou com um olhar que intimidava, tal a sua profundidade.

— Sabes que te tenho estima, Jean. És um rapaz esforçado e muito tens me ajudado aqui no hospital e no orfanato. Admiro teu caráter e compreendo que minha filha tenha se deixado levar pelo afeto que nutre a teu respeito. Mas tua concordância com os planos de fuga que ela propôs é altamente condenável.

— Contei tudo a meu pai — explicou a gentil donzela. — Hermés mandou-me uma carta de despedida, antes do duelo, e, nas horas que esperamos por notícias, julguei que deveria abrir meu coração, ser sincera com um pai que tanto admiro e respeito.

— Fizeste bem — exultou Jean. — Teu pai é um exemplo de honradez e não merece ser enganado. Eu sinto muito por ter projetado tal escapada secreta, mestre. Mas não suportava mais viver apartado de vossa filha. Não encontro sentido em viver, se não puder estar ao lado dela.

Radamel suspirou, ciente de que nenhum argumento poderia vencer a força de tal afeto.

— Claire não vai mais se casar com Gustav — começou ele. — O compromisso com a família Hermés será desfeito. Não obrigarei minha filha a um futuro de mágoa e ressentimento, mesmo que cercada por comodidade e luxo. No entanto sabes que não posso entregá-la a ti, Valloise, pois que já és um homem casado. Sei que não vês tua mulher há anos, mas quem garante que não continua viva, ao lado do filho que não conheceste?

— Ninguém pode garantir, professor. Bem o sei — concordou Jean, mortificado.

— Mas... — continuou Radamel, solene. — Já fui jovem um dia e sei o que é amar intensamente. A mãe de Claire foi a maior alegria de minha juventude e nunca me curei da dor de sua ausência. Desejo para ti e para Claire uma felicidade semelhante e, embora não possam se unir pelo matrimônio, não mais me colocarei como entrave ao seu consórcio espiritual e afetivo.

Jean mal podia acreditar em seus ouvidos.

— Então o senhor concorda que sigamos juntos? Que nos tornemos um casal?

— Mantê-los afastados só trouxe dissabores, quase foi motivo para tua morte e a de outro homem de valor. Chega de tanto sofrimento em nome de regras morais e de aparências. Estás solitário há anos, meu amigo. E minha filha alega que será tua companheira ou se entregará à clausura de um convento. Prefiro que ela permaneça livre para viver a intensidade do sentimento que os aproxima. Acredito que a vida nos foi dada por Deus para que a aproveitemos, com uma firme decisão pela felicidade. Temos todo o direito, e mesmo a obrigação, de lutarmos por nossos sonhos. Sendo assim, retiro meu veto paterno e permito que fiquem juntos.

Neste momento, Claire chorava de alegria, ainda agarrada à mão de seu amado. Radamel seguiu adiante com seu discurso:

— Temos que manter, porém, o respeito aos nossos semelhantes e a seus valores. Em Paris, não há espaço para que assumam tal enlace. A sociedade os renegaria, trazendo motivo para novos dissabores e decepções. Há anos, penso em me mudar para uma cidade menor e mais tranqüila: Lyon, onde há uma faculdade de medicina de grande valor, bons hospitais, um largo campo de trabalho para mim... E também para ti, Valloise, caso concordes em mudar conosco para lá.

Claire sorria entre lágrimas, com a pureza de uma criança.

— Em Lyon, poderemos viver como um casal, Jean. Ninguém saberá de nosso passado. Sei que seremos muito felizes. E tu não precisarás abandonar teus estudos nem teu trabalho. Tu e meu pai seguirão com vossa parceria na pesquisa que aqui realizam.

Jean também sentia lágrimas a umedecerem-lhe os olhos, tomado de verdadeiro júbilo. Agradeceu a Deus por ter colocado em seu caminho duas almas tão queridas e iluminadas.

— A dívida de gratidão que tenho com o senhor, mestre Radamel, já não tinha como ser saldada. Agora vejo que este débito se estenderá desta vida para a Eternidade. Nada que eu faça em troca poderá compensar o que o senhor agora me proporciona.

— Rezemos para que teu passado permaneça enterrado, Valloise, e para que nada possa interferir no futuro de paz e de união que desejo para ambos. Agora vos deixo a sós. Já que não podem ter a bênção da Igreja, contentem-se com a minha bênção de pai.

Radamel beijou Claire na testa, apertou a mão de Valloise e saiu do quarto.

Claire sentou-se na cama e acariciou os cabelos de seu amado, com uma ternura infinita.

— Meu pai é um homem à frente do seu tempo. Não é à toa que o amo tanto.

— Se eu soubesse que o resultado seria este, teria provocado Hermés para um duelo há muito tempo.

Claire riu, leve e esperançosa.

— Agora trata de melhorar. Tens que estar novo em folha para a nossa mudança para Lyon. Rezemos também para a reabilitação plena de Hermés. Embora não o ame, desejo que seja feliz no futuro, como nós seremos.

E, para selar suas palavras de esperança, Claire beijou os lábios de seu querido Jean com todo o amor e o carinho que os séculos de separação e de espera haviam acumulado em seu coração.

Assim que foi possível, Jean começou a administrar em Gustav seu tratamento espiritual, concomitante aos cuidados físicos. Mas, quando ele retomou a consciência, interrompeu-o por respeito, temendo ferir sua suscetibilidade.

Dali para frente, a recuperação de Hermés foi lenta, contudo progressiva. Em algumas semanas, já se alimentava sozinho e havia recuperado a cor de suas faces.

Radamel foi educado, mas firme, ao informar a Gustav que não mais concordava com o casamento. Explicou-lhe que Claire não estaria nunca satisfeita a seu lado e que isto seria um tormento para ambos. O duelo fora uma demonstração contundente de que seguiam pelo caminho errado.

Para consolar o noivo preterido, lembrou que ele era jovem e que logo encontraria sua verdadeira amada, aquela que Deus escolhera como companheira de seu destino. Hermés, no entanto, tomado pela depressão, não acreditava. Sentia o orgulho ferido; tinha raiva do rival que não conseguira eliminar. Estava dominado pela carência e pelo ciúme, doenças ainda mais graves do que a costela que a bala partira ou o ferimento que recebera no esôfago, já bem cicatrizado a esta altura.

Mestre Radamel sentiu pena da mágoa que se instalara no íntimo do rapaz, mas sabia estar agindo certo. Beleza física e família rica não eram garantia de sucesso afetivo e já não havia dúvida de que Claire não aprenderia nunca a gostar dele. Que fosse feita, então, a vontade de Deus. Claire e Jean ficariam juntos, mesmo sem a oficialização do casamento, e Hermés seguiria só. Pelo menos até redescobrir o afeto e a razão de viver em outros olhos de mulher.

Depois de recuperar milagrosamente a visão, Philippe Laurent voltou ao subúrbio onde residia, ansioso para levar a boa nova à esposa. A filha Celeste encantou-se com a graciosa Paris e viu ali possibilidades de progredir na vida.

Conversando com Radamel, Celeste soube que o hospital necessitava de uma nova faxineira, e abraçou o cargo com competência e responsabilidade. Ganhava pouco, mas tinha o direito de habitar um quartinho no último andar do prédio, funcionando como uma espécie de zeladora da instituição.

Na manhã em que se iniciava a primavera de 1794, ela entrou com um balde e uma vassoura no quarto de um dos enfermos. Era justamente Hermés que, naquele momento, tomava um prato de uma insossa sopa de aspargos.

— Traz um pouco de sal para mim! — ordenou ele. — Este caldo está intragável.

— Chamarei a camareira — respondeu Celeste, ofendida com o tom autoritário que ele lhe dirigiu. — Sou responsável apenas pela arrumação do quarto.

— Quero meu sal agora! — retrucou Hermés. — Antes que essa porcaria esfrie!

Celeste não gostou da atitude do doente. Achou-o mimado e impertinente.

— O senhor vai ter que esperar — insistiu ela. — Não posso me dividir em duas!

Hermés surpreendeu-se com a forte personalidade da mocinha e, pela primeira vez, olhou-a com atenção. Viu que seus cabelos ruivos tinham a cor e o brilho do fogo e que seus olhos azuis eram radiantes. O encantamento foi imediato e o velho instinto galante de Gustav Hermés voltou à tona, escondido que estava em algum recanto secreto de sua alma.

— É bom que não possas te dividir em duas. Arrumarias o quarto depressa demais e eu teria menos tempo para admirar-te.

Celeste não esperava o gracejo e enrubesceu. Hermés abriu um largo sorriso em resposta.

— Peço perdão se fui rude contigo. Já estou cansado de ficar nesta cama.

— Queres dar um passeio pelo pátio? Peço que um enfermeiro te leve na cadeira de rodas.

— Um enfermeiro? Ah, não, agradeço — retrucou Hermés. — Adoraria ver o céu e as árvores do jardim, mas só se tu me levares.

Celeste riu, percebendo que estava diante de um don Juan. Deu uma resposta evasiva e saiu do quarto. Mas, daquele dia em diante, o flerte se intensificou. Quando Hermés recebeu alta do hospital, seu coração já se curara da dor de ter perdido Claire e já queimava em uma nova fogueira: a da paixão avassaladora que sentia por Celeste Laurent.

Os dois eram de classes sociais muito diversas, porém a humildade da moça não incomodava Hermés. Os dois se afinavam com a perfeição dos acordes de uma sinfonia. Tinham sido feitos um para o outro.

Assim como Claire e Jean, Hermés e Celeste decidiram consumar seu amor, apesar de todos os obstáculos. Passaram por cima de imposições familiares e preconceitos e, antes do final daquele ano, casaram-se na catedral de Notre-Dame. Ainda teriam nada menos que doze filhos, ao longo dos muitos anos que compartilhariam dali para frente.

Como Celeste pressentira, anos antes, no dia em que Valloise partira em seu regresso a Paris, a vida é feita de encontros e desencontros. E é justamente a imprevisibilidade deste movimento o que a torna tão cativante. Caminhos que se separam, caminhos que se cruzam...

capítulo 37

NEM CÉU, NEM INFERNO

A situação política da França seguia turbulenta em 1794. Depois do período máximo de terror, Robespierre foi condenado pela Corte Suprema que ele mesmo ajudara a instituir. Depois de um suicídio fracassado, experimentou o fio da guilhotina, seguindo o destino dos milhares que mandara decapitar. Danton conheceu o mesmo fim tempos depois. A violência cega se voltava assim contra seus criadores, enquanto os burgueses girondinos reassumiam o comando de um país dividido e abalado.

Mas, apesar de toda a agitação do momento histórico, o porvir mostrava-se risonho enfim para Jean e Claire Valloise. Foi já com o nome dele que ela se apresentou à sociedade de Lyon.

Radamel começou a dar aulas na faculdade de medicina local e logo foi convidado para o cargo de diretor do maior hospital da cidade.

Jean voltou a estudar e, dentro de pouco mais de um ano, receberia seu diploma de doutor.

Alguns dos garotos do orfanato, inclusive os três filhos de Terence, acompanharam a mudança e foram instalados em um belo prédio, diante da praça central da cidade, onde Radamel, Valloise e colaboradores inauguraram o mais bem equipado orfanato da região. Ali, os órfãos não tinham apenas o acesso ao ensino básico, mas eram cuidadosamente preparados para uma profissão. Após os dezoito anos, em vez de serem entregues à sorte nas ruas, tinham a oportunidade de seguir cursos técnicos que os formavam tecelões, padeiros, marceneiros e, inclusive, ferreiros, como Jean fora um dia. A excelência da instituição era um exemplo para todo o país e, até os dias de hoje, é raro encontrar um programa tão bem estruturado em prol da reabilitação de menores abandonados à sociedade.

A vida de Jean e Claire era o que se costuma chamar um mar de rosas. Viviam em um pequeno, porém aconchegante sobrado, em uma rua tranqüila, à sombra da catedral de Lyon. Ali viveriam o ano mais feliz de suas existências, certos de que nada poderia destruir seu idílio romântico e sua paz.

Os avanços de Jean no campo do conhecimento científico só perdiam para o sucesso de suas experiências no campo da mediunidade. O poder curador que lhe fora apresentado por Helene Duchamp, e que se acentuara sob a regência de mestre Radamel, alcançava uma pureza sem precedentes. A simples presença de Jean Valloise no hospital era motivo para que os doentes se sentissem mais esperançosos e fortalecidos.

Para o jovem, que viera da penúria e da ignorância, saber-se importante auxiliador de pessoas necessitadas causava uma satisfação sem limites. Ter se tornado de fato um curador, como prometera ao espírito de sua mãe, anos antes, e poder dar vazão ao extremoso afeto que sentia por Claire eram realizações que funcionavam como forças motrizes de sua caminhada, conquistas que davam segurança e razão à sua existência.

Jean amava e era amado, doava e recebia. Sentia-se plenamente integrado ao universo, feliz como jamais imaginara possível.

Mas as razões e as certezas de um homem se apequenam diante dos planos perfeitos do Pai de todos os seres. Aquele instante de satisfação era apenas um respiro no longo trajeto de pontas e espinhos que Valloise ainda seria levado a trilhar.

Crueldade de Deus? Inclemência do destino? Não, apenas justiça. A colheita do bem e o prêmio da paz ainda teriam que suportar a estiagem e o granizo da dor auto-infligida, da culpa não reparada, da dívida esquecida. No seio da felicidade presente, restava a semente de um passado de dores mal resolvidas, lutando por germinar.

No sul da França, a vida de glamourosa excitação tinha dado lugar ao rancor e à derrota.

Marianne, antes tão poderosa e aclamada, era agora alvo de opróbrio e zombaria. Após a acusação de conivência com a nobreza decadente e traidora, caíra no mais amargo ostracismo. Ninguém mais podia nem queria ouvir seus trinados de cristal. Os teatros fecharam-lhe as portas e a alta sociedade evitava proferir seu nome proscrito.

Terence afundara na mais terrível depressão. Todo seu dinheiro se fora e os credores viviam à porta do lúgubre casebre onde foram forçados a viver.

Derrotado e ressentido, ele bebia ainda mais do que no passado. Tornara-se francamente vingativo e violento e não hesitava em tratar Marianne e o pequeno Rénine, agora com quatro anos, aos berros, socos e pontapés.

A vida, antes pomposa e colorida, tornara-se cruel e sórdida para o orgulhoso empresário e sua protegida. A criança inocente era obrigada a enfrentar essa dura realidade, sem compreender que tanto mal fizera para merecer aquele cotidiano de fúria e desprezo.

O cocheiro Marcel partira assim que soubera da falência do amo, não sem antes surrupiar do quarto de Marianne as jóias com que este lhe presenteara.

O afetado Ernest Millet não pôde suportar o terror do descrédito público e do esquecimento. Matou-se em seu quarto, com um tiro na cabeça, os móveis e espelhos espatifados à volta, fruto de seu desespero inconformado perante a derrota.

A rival de Marianne, Sophie Gail, soubera aproveitar o momento. Lançando um espetáculo de musiquetas ligeiras, todas com letras exaltadoras da Revolução, alçou-se de novo ao gosto do público e às páginas dos periódicos. Era a nova e fugaz mania do populacho e, entre um e outro recital, não deixava de lembrar, com desprezo, da parisiense atrevida que tentara usurpar-lhe o trono. Considerava-a morta, pois que destituída de fama. Para a visão deturpada deste tipo de artista, o sucesso é o único alvo de uma vida de dedicação aos palcos.

Entre um gole e outro de champanhe, em seu camarim, acostumara sua mente a repetir uma fórmula predileta: "Marianne du Leplage não foi mais do que um sonho. Nunca chegou a existir! Sempre houve uma única musa do bel-canto em toda a Provença, e seu nome é Sophie Gail".

O grande desafio do homem de bem é aceitar as dificuldades que lhe parecem imerecidas. Do ponto de vista da Eternidade, tudo possui uma coerência precisa, mesmo que insuspeitada, durante as diferentes encarnações. A geração em que se vive parece única, exclusiva, mas nada mais é do que um passo dentro de uma jornada infinita, um instante da eternidade, uma simples lição dentro de toda a vastidão da sabedoria.

Para Jean Valloise, aquele ano ao lado de Claire era a concretização de um sonho precioso: um paraíso instituído na Terra. Marianne, de sua parte, considerava-se lançada ao inferno. Mas este planeta não se adequa a nenhuma das duas definições. Distante dos mundos primitivos e torpes, onde habita a barbárie inconsciente e cega, porém também afastada dos mundos de paz e ventura, existentes nas esferas superiores, a Terra é o que podemos chamar uma escola: um ambiente de provas, verificação de aprendizado, testes constantes em prol do aperfeiçoamento dos espíritos. É um local de purgação, limpeza de erros pretéritos, expiação de culpas, mas que também abriga o estímulo ao crescimento, através das missões que concordamos abraçar ainda no Além, antes do florescer da vida na carne.

Nem Céu, nem Inferno, este planeta oferece a chance de nos renovarmos e crescermos, proporcionando um sentimento que, distante ainda da plenitude, não deixa de ser abençoado: a alegria de aprender e servir.

capítulo 38

VISITA INESPERADA

Ia se aproximando o final do ano de 1795 e Claire cuidava dos preparativos para um jantar em comemoração à tão acalentada formatura de Jean. Colegas, amigos e professores estavam convidados para a festa, que prometia ser simples, contudo deliciosa.

Ela pretendia servir sopa de trufas, saladas diversas e leitão assado, e a despensa do pequeno sobrado já fora abastecida com caixas do melhor champanhe e frutas natalinas. Era indisfarçável seu orgulho diante da conquista do marido amado, prestes a ostentar o título de médico cirurgião, quando tudo o que lhe reservava o passado era um futuro de privações e cegueira intelectual.

As vitórias daqueles por quem nutrimos afeto são, tantas vezes, mais gratificantes do que as nossas próprias, e, dotada de um generoso coração, Claire exultava as perspectivas de sucesso que se desvendavam para Valloise.

Em Arles, o ambiente doméstico era o oposto da cálida tranqüilidade que dominava a casa de Claire.

Terence andava especialmente irascível e violento. Por causa de um simples copo quebrado, um acidente corriqueiro que o frágil Rénine não pudera evitar, o casebre sombrio e triste assumira as feições de um campo de batalha.

Terence urrava com Marianne, acusando-a de não saber educar o "pequeno demônio", como deploravelmente costumava chamar a criança. Ela se defendia com lágrimas e ofensas, culpando-o por tudo de mal que se abatera sobre suas vidas. Ele prometera ser protetor e divulgador de seus dotes musicais, um escudo contra os percalços do mundo, jurara elevá-la ao Olimpo! Se agora estavam mergulhados no descrédito e na miséria, o único responsável era ele. Fora culpado pela associação com os Montserrat, a falha trágica que levara Millet ao suicídio e que enterrara para sempre os seus delírios de triunfo.

As lágrimas da cantora só serviam para tornar o empresário falido ainda mais raivoso. A decepção corroía-lhe a alma. Odiava pensar que os seus velhos sonhos estavam enterrados, e que a pá que os cobrira havia sido forjada por seus próprios atos. Estava convencido de que sua desgraça começara anos antes, quando vira Marianne pela primeira vez, cantando diante de um varal de roupas. Tal fato o desviara de seu caminho, enchera-lhe a cabeça de desejos loucos. Ele jogava sobre os ombros dela, portanto, a mesma culpa que ela lhe imputava.

Para fugir de seus negros pensamentos, Terence mergulhava-os no vinho. A euforia durava algumas horas, e depois culminava em nova onda de agressões e violências.

Naquela noite, a desculpa para extravasar o ódio fora o desprezível copo quebrado. Terence apelou para a cinta e o pequeno Rénine espremia-se em um canto do quarto, às lágrimas, amargando o terror de ser oprimido na idade em que mais precisamos de proteção e amparo.

Marianne berrava à entrada do aposento, tentando evitar a surra, porém seus gritos apenas emolduravam uma cena já corriqueira e inevitável.

No invisível, alguém sofria ainda mais profunda e verdadeiramente do que ela. O espectro Horace, transformado pelo reverso de fortuna que presenciara, agora deplorava as atitudes de Terence, e lutava para encontrar uma forma de auxiliar Rénine, o único ser que conseguira despertar bons sentimentos, há tanto tempo adormecidos, em seu íntimo.

Adelaide, ainda incumbida de auxiliar aquele espírito na luta para se livrar de seus muitos defeitos, postava-se sempre a seu lado, estimulando não o ressentimento contra Terence, mas a compaixão, a solidariedade, a revolta perante a injustiça, o desejo de ver apaziguada aquela dor. Ela insuflava nele o anseio por uma nova conjuntura, em que Rénine recebesse o que merecem todas as crianças: afeto, educação e paz.

Os dissabores, a dissolução das perspectivas de glória, o dia-a-dia sombrio, tudo influiu para que Horace se arrependesse de seus atos pregressos. Se ele não tivesse aconselhado Marianne a deixar Paris, atrás daquele homem detestável, seriam talvez tão pobres quanto agora, porém jamais tão infelizes. Até mesmo a antipatia que antes sentia pelo cunhado Jean estava apaziguada. Sabia que Valloise, com seu caráter justo, jamais destrataria uma criança. Seria sempre um pai terno e respeitoso, além de um marido justo e pronto a dividir, com respeito e amizade, os problemas e desafios da vida.

Horace deplorava agora o seu estímulo à fuga e à traição de Marianne. Desejava nunca tê-lo empreendido. Nestes momentos de tumulto e rancor, aproveitava para soprar aos ouvidos da irmã o remédio da indignação e o estímulo à mudança:

— Por que suportas que este homem encoste a mão em teu filho? Rénine é um menino de ouro, tão esperto, tão belo e sensível. Não merece esta vida de repreensões e sovas injustas. Ajuda-o, minha irmã! Luta por dar-lhe uma nova vida. Toma-o em teus braços e foge, Marianne! Foge e retorna a Paris! És tudo que este menino possui. És a mãe, a única responsável por sua salvação e progresso. Foge, Marianne! Foge!

Tais conselhos chegavam ao cérebro de Marianne na forma de uma intuição, clara e atormentadora. O arrependimento também havia se tornado parte integrante de sua alma. Não havia um dia em que não pensasse no erro que cometera. Deixara para trás uma vida humilde, mas digna. Perdera Valloise, um homem de bem, carinhoso e honesto. Descartara a chance de progredir ao lado dele, com tranqüilidade e equilíbrio. E tudo para dar a si e ao filho o tormento de uma vida de desespero.

Ah, se pudesse voltar atrás! Se pudesse desfazer o que construíra. Retornar no tempo e ser a singela Marianne de outrora. Não mais a diva du Leplage, mas de novo a pacata Marianne Valloise!

Terence dormia o sono profundo dos ébrios, na madrugada em que Marianne partiu com o filho, oculta pela escuridão. Na bagagem, apenas algumas roupas, uma cesta com alimento para os dias de jornada, e a total incerteza do que o futuro lhe reservaria no retorno a Paris.

A carroça seria abandonada na estrada, após o contratempo de uma roda quebrada, e foi sobre um cavalo que a cantora viu surgir no horizonte os elegantes contornos da cidade onde nascera.

A única esperança que lhe restava era reencontrar o marido que, traiçoeiramente, abandonara no passado. Sabia que Jean não negaria abrigo ao filho e que tal generosidade se estenderia a ela. Não contava que ele a perdoasse, nem que compreendesse seus atos; ansiava apenas por proteção.

Egoísta como sempre, Marianne pensava na própria comodidade. Descartara Valloise de sua vida quando julgara cômodo e, agora, pensava reintegrá-lo a seu cotidiano por necessidade e falta de alternativa. Não havia amor nem remorso em seu regresso. Apenas obediência à irresistível atração do destino, ao movimento silencioso das peças do grande jogo da criação.

Foi fácil para Marianne conseguir informações sobre o ferreiro que se tornara estudante de medicina. Seu nome era bem conhecido na cidade, devido às muitas curas que efetuara e que o povo considerava milagrosas.

No hospital, outrora dirigido por Radamel, encontrou acolhida amigável por parte de Celeste, já então casada com Gustav Hermés. Ao ouvir que se tratava de uma parente de Valloise, ela prontamente convidou Marianne e o menino para pousarem em sua casa, alimentando-os e acomodando-os, confortavelmente, no quarto de hóspedes.

Quando Hermés chegou da rua, mal pôde acreditar quando soube das presenças inesperadas. Chamou Celeste ao quarto de casal, para uma conversa reservada.

— Sabes quem é esta moça? Adivinhas quem é o menino que a acompanha?

— Ela disse apenas que eram parentes de Jean — respondeu Celeste, inocente. — Crês que não fiz bem em acolhê-los?

— Esta mulher é a esposa perdida de Valloise e o pequeno é seu filho! — sussurrou Hermés, aflito, como se dividisse o pior dos segredos.

Celeste sentiu-se confusa e assustada.

— Não sabia que Jean tinha tido um primeiro casamento. Ele não está em Lyon, casado com Claire Radamel?

— A história é longa, meu bem, e a contarei com detalhes. Mas, antes, responda-me algo muito importante: informaste o paradeiro de Jean?

— Não vi por que esconder seu endereço de uma parente — justificou-se Celeste. — Mas por que me olhas assim, como se eu tivesse cometido o pior dos pecados?

Hermés deixou-se cair em uma poltrona. O tempo fizera-o perdoar Valloise e recuperar a estima que por ele sentia anteriormente. A vida o trouxera para perto de Celeste, seu único e verdadeiro amor, e agora desejava, com toda a sinceridade, que Jean e Claire fossem muito felizes.

— Nada fizeste de errado, minha querida — murmurou, tristemente. — Se alguém está errada é a vida, que está prestes a magoar profundamente quem só merecia as bênçãos da felicidade e da paz.

Foi durante o jantar em comemoração à formatura de Jean que a Fortuna mostrou sua face terrível.

Os convivas tilintavam suas taças de champanhe, proferindo brindes em nome da esperança e do sucesso.

Claire enlaçara seus dedos aos do amado, em juvenil regozijo, antevendo a doçura dos momentos que, em breve, teriam a sós. Carinhosamente, chamara-o, durante todo o banquete, de "doutor Valloise", tão orgulhosa de sua conquista, tão plena, certa de ter encontrado sua ilha de tranqüilidade em meio ao mar de dores e desafios que compõe este mundo.

Foi durante um brinde de Radamel que a criada entrou, com um ar ressabiado.

— Há uma mulher aí na porta, madame. Traz um menino consigo. Insiste em falar com o patrão.

— Mas a estas horas? — estranhou Claire.

— Talvez seja uma emergência — arriscou Jean, curioso.

— Ela diz que se chama Marianne — informou a criada. — Marianne Valloise.

A taça de champanhe escapou da mão de Claire, espatifando-se sobre o tampo da mesa.

capítulo 39

SEPARAÇÃO

Era o ocaso da alegria, a estiagem cobrindo os campos verdejantes do amor, o fim da trégua de paz e ventura que a vida concedera a Claire e Jean Valloise.

Claire pediu ao pai que dispensasse os convidados, com alguma desculpa, e recebesse os visitantes inesperados. Então se fechou com seu amado na biblioteca, para uma rápida conversa em particular. Era a última vez que os dois se veriam naquela encarnação.

Jean estava revoltado e ferido. Suplicava para que deixassem tudo de lado e retomassem seus projetos de fuga. Mas Claire foi firme em sua negativa. Casado e com um filho, Jean tinha o dever de se submeter à sua sina. Ela se afastaria, para que tentassem refazer suas vidas.

A esta altura, ambos choravam, compungidos, alquebrados com a dor de seus corações partidos.

— Não posso imaginar meus dias sem tua companhia, Claire! Prefiro a morte! — disse ele, com plena sinceridade.

— Não digas isso! Tens um filho a zelar, que te espera aí fora. Sei o quanto desejavas conhecê-lo.

— Não mais! Já tinha me conformado com o fato de tê-lo perdido. É só a ti que quero, meu amor!

O curto diálogo foi interrompido pela própria Marianne. Voluntariosa, ela invadira a biblioteca, com um assustado Rénine nos braços.

Foi um choque para Jean observar a mulher que um dia amara e que, agora, parecia-lhe uma completa estranha.

— Sou eu, Jean! Tua esposa! — frisou a cantora, com vigor. — Estou de volta e te negas a me receber? Aqui está teu filho. Seu nome é Rénine.

Jean não pôde deixar de notar a incrível semelhança que o menino tinha consigo.

— Meu filho... — murmurou ele, contrito.

Quando se voltou para Claire, ela já estava saindo do aposento. Não tiveram direito a um último abraço, um último beijo, nem ao menos a um último olhar.

Ele correu para a porta, chamando aflito, mas Claire seguiu resoluta, sem olhar para trás. Naquele momento, deixava em definitivo a casa e a vida de Valloise.

Um homem de bem se submete a suas obrigações morais. E foi o que Valloise fez.

Ele vendeu o sobrado à sombra da catedral, certo de que ali as recordações da bem-amada não lhe dariam descanso, e adquiriu uma nova moradia, próxima ao hospital. Lá passou a viver, com a esposa e o filho.

A convivência entre Jean e Marianne era pacífica, mas distante, marcada pela frieza. Ele, arrasado pelo final de seu romance com Claire. Ela, misteriosa, enigmática, inventando histórias cheias de contradições para explicar seu sumiço de tantos anos.

— Por que não dizes logo a verdade, Marianne? — insistiu ele, um dia. — Tiveste outro homem, não foi?

Ela defendeu-se atacando:

— Nada podes dizer contra mim! Também não te achei casado com outra? E feliz como nunca foste comigo!

Era terrível conviver daquela forma, sem confiança ou amor. Contudo, havia Rénine e, em nome do filho, Jean lutava para preservar na casa um clima de paz.

Aos poucos, ele foi se inteirando de detalhes. Soube da carreira musical da esposa, de sua ascensão e queda como artista. Descobriu que seu protetor, o empresário que a raptara, era um homem de maus bofes, beberrão, agressivo, inclusive com a criança. Tal informação deixou-o revoltado. Não entendia como Marianne pudera suportar tal situação por anos. Foi duro para ele concluir que tudo acontecera em nome da ambição, das oportunidades de sucesso que tal convivência assegurava. A decepção tornava-se, assim, ainda mais profunda, e Valloise lutava para não aprender a odiar.

Claire nunca mais concordou em ver Valloise e, embora amargurado, ele compreendia e aceitava sua resolução. Seu único contato era com Radamel. O professor deplorava o ocorrido e, sabiamente, não o culpava. Lastimava profundamente que ele e sua filha tivessem sido forçados a tal grau de renúncia e sofrimento.

Privar da companhia do mestre, com seus preciosos ensinos, e do trabalho caridoso que empreendiam no hospital e no orfanato eram as únicas alegrias que restavam para o infeliz doutor Valloise.

Na noite da fuga de Marianne, Terence acordou agitado, com a cabeça explodindo de dor, devido ao excesso de vinho.

Quando se deu conta de que a companheira e o menino tinham partido, não sentiu raiva, como se poderia esperar. Em lugar disso, foi tomado por profundo alívio.

A vida ao lado da geniosa cantora tinha se tornado um tormento há tempos. O menino, filho de outro, despertava-lhe desprezo e antipatia. Melhor ficaria sozinho, longe das brigas e mútuas acusações. Talvez pudesse reencontrar algum equilíbrio, reerguer-se do tombo financeiro, e retomar a vida.

Infelizmente, era tudo ilusão. O passar dos dias foi trazendo uma funda melancolia, um incômodo ressentimento. Sentia-se traído, abandonado. Bebia cada vez mais, metia-se em brigas nas tabernas, caía desacordado pelas ruas, enlouquecia. Passados dois meses, Terence experimentava os terrores de uma auto-obsessão. Já arrancara da memória todos os dissabores de sua relação com Marianne e, agora, só lembrava de sua beleza, seus beijos, sua voz. Apegava-se apenas aos momentos bons. Iludido, repetia a si mesmo, sem cessar, que ela era, de fato, o amor de sua vida. Que, ao partir, tinha cravado em suas costas o punhal da ingratidão.

Deste comportamento depressivo para o rancor foi só um passo. Logo Terence já remoía a certeza de que Marianne voltara para os braços de seu estúpido marido. O ciúme fervia em suas veias. Toda a decepção por sua derrota, todo seu recalque e dissabor, tudo foi se concentrando em um sentimento único e envolvente de ódio.

Terence resolveu que a única forma de curar seu orgulho ferido seria retribuir a dor que sentia na mesma moeda. Ansiava não mais por Marianne em seus braços, mas por vingança. Queria o sangue da traidora e, se preciso fosse, também derramaria o do menino e o de Valloise. Em sua loucura, culpava-os por toda a infelicidade que ele mesmo fizera desabar sobre sua vida.

Dos recantos mais escuros de seu coração, veio o impulso de seguir na direção de Paris, no encalço de seus desafetos. Via-os agora como nada mais que presas de uma caçada, prontas para o abate.

A despeito de toda a tristeza pela perda que sofrera, Jean Valloise não olvidava ter também recebido a bênção de conhecer o filho perdido. Sonho acalentado em toda a sua juventude, ter um herdeiro era algo que o enchia de júbilo e esperança.

Rénine era um garoto de magnética beleza, mas retraído e assustado, por conta dos maus-tratos que recebera em sua primeira infância. Apesar de toda a sua timidez, Jean não deixou de notar a centelha da bondade e da inteligência brilhando em seus olhos curiosos. Com o tempo, cercando-o de afeto e cuidado, sabia que desabrochariam suas muitas qualidades, ocultas pelo recalque e pelo medo.

No início, o menino desconfiava daquele homem que, repentinamente, surgira em sua vida, e que diziam ser seu pai. Mas foram necessárias poucas semanas para que ele começasse a se identificar com Valloise, encontrando nele o porto seguro que tanto lhe faltava. Ali estava, enfim, o amigo, o protetor e o mestre de que tanto carecia, o esteio imprescindível para a maturação de suas potencialidades.

A aproximação entre os dois foi rápida e inevitável, auxiliada pelo afeto trazido de vidas passadas, latente e sedento por aflorar.

O primeiro riso aberto e franco de Rénine, em meio a uma brincadeira singela a que se entregara com o pai, foi tocante, inesquecível, e deixou Valloise com o coração repleto de satisfação.

Ao cabo de apenas dois meses, Valloise redescobria parte de seu otimismo. Até sorria, apesar de toda a sua dor. Deus lhe tirara a mulher amada, mas dera-lhe o filho como razão para seguir adiante, impedindo que se entregasse à autopiedade e ao desânimo. Claire estava distante, mas ele tinha um novo objeto a exigir sua atenção e cuidado, um ser em formação que se nutriria de seu desvelo, e, com ele, descobriria que o mundo não é feito só de brigas e castigos, mas também de alegria e de esperança.

No que dependesse dele, Rénine deixaria para trás todo o seu passado de pesares, como sonho mau que se encerra à chegada do sol.

Na espiritualidade, Horace exultava a nova vida do sobrinho. Emocionava-o vê-lo bem vestido, bem alimentado, cercado de mimos pelo pai.

Sua visão acerca de Valloise mudara radicalmente. Não o julgava mais um tolo presunçoso, como no passado. Admirava seu aprimoramento intelectual e seu enriquecimento honesto, nascido do trabalho duro em prol dos outros. Tinha-o agora em nova conta e, se pudesse, pedir-lhe-ia perdão pelo rancor infundado que o dominava, pela má influência que exercera sobre Marianne, por todos os maus sentimentos que lhe dirigira.

O arrependimento era a nova conquista daquele espírito, em seu caminho ascendente na busca pela perfeição. Descobrira o amor com a presença de uma criança. Agora reconhecia os próprios erros, comparando sua conduta à de um homem bom. Seu coração de pedra, enfim, partia-se, permitindo a entrada da luz.

Adelaide, como mentora daquele espírito aprendiz, observava seu avanço com alívio e gratidão. Horace era uma prova viva de que o Pai eterno não abandona nenhum de seus filhos. Até o mais reles, o mais vil tem a chance de crescer e evoluir, na senda que leva ao bem maior. Tudo depende de seu esforço e de sua aceitação ao auxílio que lhe ofereçam.

Ninguém evolui senão por um esforço pessoal. Não tivesse abrandado seu coração, por seus próprios méritos, a partir do afeto dedicado a Rénine, e Horace não teria aproveitado em nada as benesses fluídicas de sua orientadora iluminada. Usando de seu livre-arbítrio, ele optou pelo caminho certo para melhorar. Adelaide contribuíra apenas com apoio e incentivo. Tinha estendido a mão para alavancá-lo a estágios mais altos de moralidade, mas nada teria conseguido se Horace não lhe aceitasse o amparo, se tivesse permanecido fechado ao seu estímulo e avesso à sua ajuda.

Tudo nasce da mente. A realidade é forjada por intenções e idéias, de intenso poder plasmador. Horace melhorava em seu íntimo e expandia à sua volta energias mais brandas e positivas. Conseqüentemente, seguindo a lógica perfeita da Criação, construía um mundo melhor para si e para os seres que lhe eram próximos.

De obsessor de Marianne, ele passava a protetor de Rénine e de toda a família. Era um exemplo de que a escuridão mais profunda pode ser anulada. Basta que uma vontade sincera acenda a luz.

capítulo 40

O CIRCO

Em uma clara manhã de outono, Valloise teve seu quarto invadido por um animado Rénine:

— Papai! O circo está na cidade! Tu me levas para ver o leão?

Valloise riu.

— É tudo o que queres ver no circo? E o homem forte, a mulher barbada, os cachorros equilibristas...? Não te interessas por eles?

— Quero ver tudo! — deliciou-se o menino. — Tu me levas, papai?

— Naturalmente que sim. Acho que não vou ao circo desde que tinha a tua idade.

Os saltimbancos tinham chegado a Lyon um dia antes, fazendo grande algazarra com suas carroças coloridas, a banda de palhaços em fanfarra e as jaulas de ferro, guardando ferozes animais selvagens.

Um saltimbanco seguia à frente, sobre pernas de pau, enquanto outro cuspia fogo para impressionar a multidão. Um arauto discursava, chamando o povo para as apresentações, na grande tenda que seria erguida na praça central da cidade.

Rénine passeava pela rua, acompanhado da criada, quando assistiu ao animado cortejo. Ficou muito excitado desde então, na expectativa de presenciar "o maior espetáculo da Terra", como apregoava a propaganda grandiloqüente pintada no dorso das carroças.

Marianne também expressou seu desejo de acompanhar marido e filho no passeio e, naquela tarde, toda a família se preparava para a alegre diversão.

A mágoa de Terence, traduzida em ódio, foi o estopim de uma tragédia.

Ele atravessou, a cavalo, os quilômetros que o separavam de Paris. No segundo dia de jornada, encontrou a primeira pista: a carroça que Marianne abandonara, devido a uma roda quebrada, pertencia agora a um macérrimo camponês, de pálidos cabelos loiros.

Terence, sem pestanejar, aproximou-se. Engatilhou sua pistola e apontou-a bem no rosto do rude trabalhador. Julgando tratar-se de um assalto, o homem se apavorou e pensou em dar com o chicote ao lombo da égua que puxava a condução.

— Acalma-te, poltrão! Se tentares fugir, acerto-te pelas costas!

— Valha-me, minha Nossa Senhora! — gemeu o homem. — Nada tenho de valor. Se quiseres, leva a carroça.

— Que já é minha, biltre! Tu a roubaste de minha esposa, que viajava com nosso filho. Que foi que lhes fizeste? Onde é que estão?

O homem tremia dos pés à cabeça.

— Nada sei de seu paradeiro. Juro por tudo que é sagrado que encontrei esta carroça abandonada à margem do caminho. Tinha um aro de roda partido.

Terence farejou o ar, como um predador, adivinhando os movimentos de Marianne.

— Seguiram, então, a cavalo. Desce daí, infeliz, e caminha sem olhar para trás. Levarei tua égua como pagamento pelos dias que usaste o que não te pertence.

— Vais me matar à traição?

— Obedece ou atiro agora mesmo! — ameaçou Terence, com a ferocidade estampada no rosto.

O pobre camponês não teve alternativa senão saltar ao solo e correr.

Terence prendeu seu cavalo ao lado da égua atrelada, formando uma parelha. Apeou e, açoitando raivosamente os animais, partiu veloz, levantando uma nuvem de poeira ao redor.

Valloise levava o pequeno Rénine pela mão e Marianne, vestida como se estivesse a caminho da ópera, seguia alguns passos atrás, admirando o movimento da multidão que se avizinhava para a sessão circense.

Depois de comprar uma barra de confeito para o menino, Jean se dirigiu à bilheteria, atrás dos ingressos. Ao pedi-los, admirou-se por ver que o vendedor era seu conhecido.

Com um lenço encarnado a prender os cabelos e grossas argolas de ouro nas orelhas, o bilheteiro era ninguém menos que Hanuf, o líder dos ciganos que, anos antes, concordara em libertar os meninos du Leplage em troca de ver vacinada a sua tribo.

O zíngaro arreganhou a fileira de dentes amarelados, em largo sorriso.

— Mas se não é o homem das vacinas! Jean Valloise!

Jean reconheceu-o de pronto e agradou-se de encontrá-lo em nova atividade, distante dos roubos e assassínios do passado.

— Vejo que te tornaste um empresário — comemorou Jean.

— Decidi criar o circo poucos meses depois de nosso encontro, caro amigo. Meu povo nunca mais padeceu com a varíola, e tua atitude, ao deixar de aceitar pagamento, impressionou-me profundamente. O ódio que sentia pelos da tua raça ficou apaziguado e, desde então, passei a questionar nossa forma de vida, baseada no sangue e na violência. Somos um povo formado por inspirados artistas. Todos cantam, dançam, tocam instrumentos; a arte está em nossas veias. Já tínhamos o hábito de fazer pequenas apresentações mambembes para arrecadar uns cobres, então decidi que podíamos dar um passo além. Agora somos profissionais! Uma verdadeira empresa!

— Fico feliz por ti e por todos os teus — afirmou Valloise, pegando seus ingressos.

— Mais feliz estou eu. Continuamos nômades, como gostamos, sem parada e sem descanso, a viajar por todo lado. A estrada sempre foi nossa casa, e continua a ser. Mas, agora, não temos mais o que temer da lei de seu povo. Somos homens de bem e, em todo lugar, recebem-nos com alegria. Se tudo isso não bastasse, estamos a ganhar dinheiro como nunca! Nossas crianças já não precisam mais ir às ruas, à cata de esmolas. Todas tomam parte no espetáculo.

Valloise felicitou Hanuf por suas importantes conquistas, enquanto uma fila se formava atrás de si.

— Encontra-me depois da sessão — disse o cigano, com simpatia. — Moro na maior das carroças, aquela com toldo vermelho.

Valloise titubeou:

— Estou acompanhado de minha esposa e de meu filho...

— Pois leva-os contigo. Não irão daqui sem beber um copo de cidra comigo e com minha bela Zitânea!

— Faremos muito gosto — aquiesceu Jean, educado.

A família Valloise assistiu à apresentação dos artistas circenses de uma das arquibancadas. Rénine riu como nunca, em vista das estripulias dos palhaços e, de respiração suspensa, observou os trapezistas voando pelo espaço, sem nenhuma proteção. Marianne abandonou seu ar forçado de grande dama e se deixou levar pelo prazer, assumindo um comportamento quase infantil, rindo e aplaudindo muito. Só Valloise permanecia sério, incapaz de grandes arroubos de alegria. Seu coração melancólico fixava-se em Claire, deplorando sua ausência, sonhando com a ventura de tê-la ali, ao seu lado, naquele instante de descontração.

Após o final do espetáculo, Jean fez, com a família, a visita prometida. Atravessando um pátio, ladeado pelas jaulas dos animais de grande porte, chegaram à carroça de toldo vermelho do líder dos zíngaros.

A recepção foi calorosa. Tanto Hanuf quanto sua belíssima esposa estavam trajados com roupas extravagantes, mas vistosas e riquíssimas. A mesa tinha sido posta para um banquete cigano, com carnes defumadas, deliciosa cidra dourada, tâmaras, castanhas e nozes.

Sentando-se em almofadas, a família se deliciou com a cordialidade e as mirabolantes histórias de Hanuf. Nascido no norte da Índia, na pequena cidade de Amiristsar, ele já conhecera a África, grande parte da Ásia e da Europa. Filho de poderosos líderes ciganos, era uma espécie de rei para seu povo, detentor do poder não pela força, mas pela tradição. Sua opção pela honestidade e pela extinção da vida de crimes era a maior prova de que se tratava do homem certo no lugar certo. Alguém que cometera erros e desatinos deploráveis no passado, porém que, ao menos, dava agora um passo decisivo em direção à reparação de suas faltas e à regeneração de seus princípios e atitudes.

Zitânea nascera no Egito e se apresentava como contorcionista e bailarina na sessão circense, habilidades que trazia da infância. Embora fosse retraída e calada, ficou claro que simpatizara com Marianne e Rénine, cercando-os de amistosa atenção.

Sentindo-se à vontade, devido ao acolhimento cordial e ao calor da cidra, Marianne começou a tratar de seu assunto predileto: ela mesma. Não demorou a contar de seu retumbante sucesso como cantora. Afinal, estava entre artistas, e a afinidade de interesses era evidente. O espírito de Marianne sempre fora um pouco cigano, sem raízes ou compromissos firmes. Prezava ser livre para realizar seus sonhos, onde quer que tivessem a chance de vicejar. Pássaro irresponsável e solitário, Marianne sempre voava mentalmente pelos céus de suas ambiciosas fantasias. E, aos novos amigos, não hesitou em dizer que havia sido considerada a maior cantora de toda a França. Fora por pura infelicidade que limitara suas apresentações apenas à Provença.

Hanuf e Zitânea foram unânimes em convidar Marianne para uma apresentação no circo. Sabiam que ela estava acostumada a teatros luxuosos e requintados, mas, se concordasse em ensaiar uma ou duas músicas com a orquestra, teriam imenso prazer em abrir um número especial para ela na noite seguinte, destacando-a como ponto alto do espetáculo.

Marianne iluminou-se de júbilo, só de pensar em voltar a demonstrar suas habilidades vocais. Aceitou de pronto e marcou o ensaio para a manhã seguinte, bem cedo.

Jean não se opôs. Quem sabe retomando sua arte, ela não se tornaria mais calma, menos ressentida e contrariada?

Há certas pessoas que têm no aplauso alheio a sua substância vital. Bebem as palmas como que sorvendo o ar necessário à vida. Sem elas, asfixiam, murcham, em pouco tempo morrem. Assim era a vaidosa Marianne.

— Como deverei anunciar teu nome? — questionou Hanuf. — Usas Valloise como cantora?

Marianne titubeou. Não podia dizer que se consagrara como du Leplage. Não podia correr o risco de que os ecos da interdição no sul chegassem aos ouvidos dos habitantes de Lyon.

— Sim — mentiu ela. — Sempre usei meu nome de casada: Marianne Valloise.

Após a chegada a Paris, Terence não demorou a encontrar vestígios do paradeiro dos Valloise. A fama que Jean conseguira como curador mais uma vez o traía.

Ao perguntar por ele no hospital, Terence acabou apresentado a Celeste. Ela mostrou-se tensa, receosa de cometer o mesmo erro da última vez. Afirmou que Jean fora, de fato, um funcionário da instituição, mas que seu paradeiro era agora desconhecido.

Terence não pôde deixar de notar o rubor em suas faces, o desconcerto em mentir. Ficou certo de que a moça de cabelos vermelhos sabia bem mais do que admitia e, no final da tarde, seguiu-a até sua casa.

Durante algumas horas, permaneceu à espreita, certo de que estava no caminho certo para desvendar pistas do paradeiro de seus desafetos.

Perto das oito da noite, ele viu Gustav Hermés chegando. O rapaz entrou no sobrado e lá permaneceu por um terço de hora. Ao cabo deste prazo, saiu, portando uma carta timbrada. Um criado vinha com ele.

— Leva esta carta ao correio. Deve seguir para Lyon assim que possível.

Enquanto Hermés retornava para o conforto de seu lar, Terence seguiu o fâmulo, portador da carta. Depois de alguns quarteirões, correu a atravessar a rua e, propositalmente, trombou contra o rapaz, tomando-lhe a correspondência das mãos.

— Que deseja o senhor? — perguntou o jovem. — Devolve-me esta carta, pois pertence a meu amo.

— Eu mesmo cuidarei de entregá-la — disse Terence, deliciado por ver que o destinatário era ninguém menos que Jean Valloise.

O criado pensou em retrucar, mas Terence levantou a barra de seu casaco, mostrando o coldre da pistola. O pobre rapaz não teve alternativa senão calar-se e se afastar.

Quebrando o lacre, Terence descobriu informações preciosas. Soube que seu inimigo estava vivendo com Marianne e o filho e que, por pedido de Valloise, ninguém mais deveria ter confirmado o seu paradeiro. Explicava-se assim o incômodo de Celeste diante de sua visita ao hospital. Bons amigos, ela e Hermés julgaram certo avisar a Jean que *um homem sinistro, de barba cinzenta, anda à cata de informações a teu respeito.*

Terence coçou a barba prateada, incerto de ter se ofendido ou agradado com o epíteto "sinistro".

Guardando no bolso a missiva, observou o horizonte com mórbida ansiedade. Até a tarde do dia seguinte, estaria em Lyon, bem à sombra da traidora Marianne.

capítulo 41

LA FORÊT SAUVAGE

Cartazes foram espalhados pela cidade, informando a população de Lyon da apresentação especial que a "diva do canto lírico, Marianne Valloise" faria no circo de Hanuf.

Em um arremedo de seu grandioso espetáculo interditado pela Guarda Nacional, Marianne pediu para se apresentar rodeada de jaulas com animais ferozes. Enfim, mostraria ao público uma parte de seu acalentado show. Só a casa de espetáculo é que seria bem mais humilde.

No fim daquele dia, ainda entregue aos ensaios e à prova de figurinos, a cantora não reparou que um homem sombrio a espreitava de longe, oculto pelas vistosas barracas coloridas do circo. Era Terence que, alertado pela propaganda colada nos muros, dirigira-se ao local exato para sua vingança.

A noite chegou, emoldurada por uma resplandecente lua cheia. O calor tirara a população de casa e a estréia de Marianne prometia ser um grande sucesso.

Na hora aprazada, com as arquibancadas apinhadas de público, Hanuf anunciou o número musical. As jaulas foram posicionadas, para dar colorido ao show, e foi sob os bramidos de tigres, leões e ursos selvagens que a estrela do bel-canto surgiu no centro do picadeiro, saldada por retumbante aplauso.

De um dos lugares de honra, Jean Valloise e o filho presenciavam com gosto a consagração de Marianne. Sabiam o quanto este momento era valioso para ela.

A orquestra entrou com os acordes iniciais da música que dava nome ao espetáculo proibido. Com o coração repleto de euforia, Marianne preparou-se para o primeiro acorde de *La Forêt Sauvage.*

Mas ela não teve tempo de emitir sequer um som.

Antes que sua voz maviosa se espraiasse pelo espaço, um homem de aspecto ensandecido, coberto por longa capa negra, avançou da platéia para o picadeiro, ultrapassando os limites de proteção.

O público, imaginando que tal intervenção fizesse parte do espetáculo, não se moveu. Com a decisão cega da ferocidade, Terence atirou-se sobre a frágil cantora, impedindo o primeiro trinado. O punhal, cravado no centro de seu peito, encharcou de sangue o vistoso vestuário.

Surpresa e sufocada, Marianne ainda teve tempo de olhar para as arquibancadas lotadas, antes de cambalear e cair. Morreu sentindo-se querida por aquela multidão de desconhecidos, uma frase musical para sempre emudecida em sua garganta.

Ao se dar conta de que se tratava de um crime, Jean correu, instintivamente, na direção do assassino. O público, percebendo que não se tratava de teatro, pôs-se a gritar, ocasionando grande tumulto. Os animais, em suas jaulas, irritados com a balbúrdia, agitavam-se como nunca.

Cara a cara com Terence, Valloise pensou em derrubá-lo com um soco. Mas foi surpreendido pela pistola que o vilão apontava na direção de seu rosto.

— Enfim te encontro, ferreiro! — rosnou Terence, sedento por mais sangue. — Marianne nunca foi minha de fato, por tua culpa. Acabou por preferir tua companhia à minha, depois de tudo que fiz por ela, depois de ter lhe dado a minha vida! Agora estarás para sempre com ela, Valloise. Adormecerá em seus braços. Estarão ligados para sempre pela dor e pelo sangue!

Tudo se passou muito rápido. Jean fechou os olhos, pronto para morrer. Só pensava em Claire, decidido a partir deste mundo abraçado à sua imagem querida.

O tiro ressoou pela tenda do circo, mas Jean não sentiu nenhuma dor. Abrindo os olhos, percebeu que o agressor errara o alvo, mesmo tendo disparado de tão perto. Tudo porque, na invisibilidade, Horace realizara um ato de bravura. Inconformado com a morte da irmã, e decidido a impedir o assassinato do cunhado, utilizara suas capacidades espirituais para provocar um fenômeno físico, desviando a bala fatal. Conectando-se aos centros energéticos de Terence, induzira-o a desviar o braço para um ângulo ligeiramente falho. Na prática, dera-lhe um sutil empurrão.

Surpreso com o próprio erro, Terence cuidava de engatilhar a arma para novo tiro. Horace, aflito, sabia que não poderia repetir seu feito, pois enfraquecera-se devido à energia despendida no primeiro contato com a materialidade. A bala perdida, porém, já fizera seu trabalho. Invadindo uma das jaulas, passara perto de um imenso urso negro, enfurecendo-o definitivamente com o barulho.

Irracional e violento, o urso investiu com as duas patas dianteiras contra a porta da jaula de ferro, que cedeu.

Terence estava pronto para pressionar o gatilho novamente contra Jean, quando a imensa sombra negra se abateu sobre seu corpo. O urso, voraz, dilacerou seu corpo em questão de segundos. Foi uma morte horrenda, para um homem horrendo.

Enquanto o povo corria e gritava, buscando as saídas do circo, Valloise experimentou um dos instantes mais fantásticos de sua existência. Após dar cabo do abominável Terence du Leplage, o urso voltou seus olhos furiosos para ele. Mas, ao encará-lo, com os dentes sangrentos à mostra, desistiu do ataque furioso e, como por milagre, acalmou-se.

Aproveitando o momento, Hanuf e outros ciganos conseguiram rodear o monstro, laçá-lo e colocá-lo a ferros.

Nesta altura, Jean já reconhecera o animal: aquele era o urso negro que um dia, há muitos anos, ele libertara de uma armadilha de ferro, na floresta gelada dos arrabaldes de Paris. Por obra e graça de Deus, reencontravam-se e estavam agora quites: a fera irracional salvara a vida de seu libertador.

Jean correu a acudir Rénine, que permanecia em choque, na platéia. Abraçou-o com força e consolou-o como pôde, tentando apaziguar o impacto do pesadelo que presenciaram.

Com um último olhar para o picadeiro, viu os corpos de Marianne e Terence, estendidos lado a lado. Terence se enganara em sua última praga. Era ele mesmo, e não Valloise, quem estaria ligado a Marianne, pela dor e pelo sangue, para sempre.

capítulo 42

CERIMÔNIA SUBLIME

Viúvo, Jean Valloise sabia que devia concentrar suas atenções na educação do filho e no trabalho junto aos doentes e necessitados. Contudo, acima de tudo, nasceu em seu peito a esperança de voltar a se unir àquela a quem entregara para sempre o coração. Depois da tragédia, estava livre para que passassem juntos o resto de seus dias. Sabia que Claire, além da companheira amorosa que já provara ser, tornar-se-ia, em breve, uma mãe muito mais presente e terna para Rénine do que fora a falecida Marianne.

Tudo se apresentaria perfeito, não fosse por um detalhe: Claire já não morava mais em Lyon. Partira há algumas semanas, sem deixar vestígio, decidida a entregar o resto de sua existência ao retiro espiritual de um mosteiro católico. Nem mesmo para o pai adorado confessara qual seria seu destino. Incapaz de suportar a vida longe de Jean, e avessa a qualquer novo envolvimento sentimental, escolhera a clausura. No momento, poderia estar em qualquer ponto da Europa, ou mesmo em outro continente, solitária, submissa, apegada apenas à fé que restara de seus sofrimentos.

Ao tomar consciência da atitude da amada e de seu paradeiro desconhecido, Jean mergulhou em profunda depressão. Parecia-lhe que Deus se comprazia em torturá-lo, apesar de todos os seus esforços na direção do bem. Revoltado e inconsolável, decidiu se alistar no Exército de Napoleão e assumir o posto de médico militar. Nesta perigosa atividade, deixaria para trás suas mágoas e lembranças. Talvez tivesse a fortuna de perecer sob a canhonada inimiga, encerrando seus tormentos nos campos de batalha da Itália ou do Egito.

Foi Radamel quem, felizmente, demoveu-o de seu intento.

— Compreendo sua dor, meu caro Jean — disse o mestre, com candura. — Também perdi de vista minha filha adorada, e sofro como tu. Não sei onde ela repousa agora ou como se sente. Tenho o peito repleto de angústia, porque tudo que me resta é orar para que esteja em paz. Apesar de tudo, não posso olvidar de minhas obrigações e propósitos. O orfanato e o hospital pululam de almas que precisam de meus cuidados. E o mesmo se aplica a ti. Que podes ganhar por oferecer teu corpo e teu espírito à violência dos campos de batalha? Se tua vida perdeu a razão, devido à ausência de Claire, dá-lhe novo sentido por tua dedicação à caridade e ao amor ao próximo.

Jean baixou os olhos ao chão, incerto do caminho a tomar. O professor prosseguiu, com segurança:

— Também precisas pensar, meu caro, no bem-estar de teu filho. Essa criança passou por terrores que abateriam um homem feito. Merece, daqui para frente, uma vida compensadora e pacífica, onde possa se equilibrar e progredir. Rénine necessita de um pai. Não tens o direito de privá-lo de ti. Eu, cioso de meus doentes e órfãos, mas principalmente em nome dele, imploro-te para que esqueças a guerra. Conforma-te com tua sina, Valloise, e continua a ser o soldado que sempre foste: um batalhador, sem dúvida, embora munido apenas da firmeza de propósitos e da generosidade, as armas dos que lutam em nome da paz.

Radamel, mais uma vez, mostrou-se digno de seu título de mestre. Diante da sabedoria de tais conselhos, Jean engoliu o caldo amargo da solidão e do ressentimento, mas permaneceu em Lyon.

A saudade que sentia de Claire o acompanharia pelo resto da vida, como chaga aberta que jamais cicatriza. Mas suas obras no campo da cura, seu contato diário com as crianças abandonadas e carentes, acima de tudo seu afeto pelo filho, tudo serviu como amparo para que não sucumbisse à dor.

Arrastados pela correnteza implacável do tempo, os anos correram céleres sobre a impetuosa e sangrenta França.

Depois da ascensão dos burgueses girondinos ao poder, uma nova Constituição foi promulgada. O poder executivo foi atribuído a cinco diretores, eleitos pelos deputados, e o legislativo foi entregue a duas Câmaras: a dos Quinhentos e o Conselho dos Anciãos.

Napoleão seguia enumerando sucessivas vitórias contra as monarquias européias, e se tornava cada vez mais admirado e poderoso. Como a situação interna do país seguia caótica, o Diretório decidiu apaziguar os ânimos populares nomeando o jovem general como chefe de estado.

Ambicioso e personalista, Napoleão não se contentou com uma presidência parlamentarista. Impondo um inesperado retrocesso político, decidiu proclamar a si mesmo imperador. Em 1804, quinze anos após a eclosão da revolta iluminista, programavam-se as festividades para a cerimônia de sua coroação, na catedral de Notre-Dame.

Rénine tornara-se um rapaz de valor. Seguindo os passos do pai, desejava cursar medicina e já o auxiliava no tratamento clínico do hospital. Jean pretendia ensinar ao filho não apenas as técnicas convencionais, mas também os segredos e mistérios dos passes curativos, o conhecimento que o tinha tornado, ao longo dos anos, um curador de poderes extraordinários.

Devido ao peso da solidão e dos sofrimentos que enfrentara, Valloise chegava aos seus 38 anos aparentando mais idade. Sua figura séria e distinta emanava a confiança de uma grande personalidade, porém seu olhar não ocultava a incurável melancolia dos solitários.

Embora já se sentisse, interiormente, um homem velho, a missão de Valloise sobre a Terra ainda estava longe de terminar. Naquele mesmo ano, antes da concorrida coroação do imperador, ele participaria, mesmo sem o saber, de uma outra cerimônia, de importância e magnificência incomparavelmente maiores.

Era uma clara tarde de inverno, 3 de outubro de 1804.

Jean cuidava de seus afazeres no hospital, quando foi chamado às pressas por Radamel.

— Recebi o aviso de que a esposa de um velho amigo está prestes a dar à luz. Acompanha-me no parto?

— Com prazer, mestre.

O conhecido de Radamel era um respeitado juiz de direito, Jean-Baptiste-Antoine Rivail. Morava num aconchegante sobrado, de número 76, em uma ruazinha próxima ao centro comercial de Lyon.

Foi o próprio juiz quem atendeu os doutores à porta, tomado pela excitação normal de um pai à beira de recepcionar a chegada do filho ao mundo.

— Que bom que chegaste, doutor! Jeanne está lá em cima, no quarto, com uma criada. Vem sentindo dores há pouco mais de uma hora.

— São as contrações normais do parto — tranqüilizou-o Radamel. — Subamos para atendê-la.

A bela senhora repousava no leito, com uma expressão de corajosa alegria, ansiosa por conhecer o rosto daquele que seria seu único filho.

Radamel tomou-lhe o pulso e auscultou-lhe o peito, confirmando que seu estado de saúde era perfeito. Tudo indicava a bênção de um parto normal, isento de maiores complicações.

O processo seguia tão tranqüilo e perfeito que Radamel deixou o pupilo Valloise cuidando de tudo. Foi acalmar seu velho amigo juiz, com licor e charutos, na reservada biblioteca.

Como previsto, o parto foi rápido e descomplicado, igual a milhares de outros que ocorrem todos os dias. Aparentemente, tratava-se apenas do nascimento de mais um menino, robusto e saudável, para as lidas deste mundo.

Mas, quando Valloise tomou o rebento nas mãos, ainda preso ao corpo materno pelo cordão umbilical, a festiva alegria que dominava o plano espiritual, desde o início do dia, atingiu proporções sem precedentes. Uma chuva de luzes, fluidos e bênçãos banhou o quarto e expandiu-se pelas ruas e os bairros de Lyon, logo atingindo toda a cidade.

Seres angélicos derramavam abençoadas graças, conferindo àquele singelo nascimento tal pompa, tal moldura de preces e de júbilo, que a coroação de Napoleão, prevista para breve, não passaria de pálido reflexo desta cerimônia sublime.

Embora imperceptível aos olhos humanos, tal festividade atingia os recessos mais distantes e puros do mundo dos espíritos, conectava-se aos planos mais elevados e perfeitos da existência, fazendo do céu de Lyon uma expressão radiosa do excelso pensamento de Deus. O Pai amoroso oferecia aos homens da Terra o mais valioso presente que poderiam almejar, naquele momento de sua História.

O menino, que teria seu registro assinado pelo doutor Pierre Radamel no dia seguinte, recebeu o nome de Hippolyte Leon Denizard Rivail. Era o mensageiro encarnado da Terceira Revelação, prevista nas profecias bíblicas. Aquele que, em sua maturidade, com um olhar sábio e crítico sobre a realidade do mundo, revelaria ao comum dos homens a verdade santa do Espiritismo.

Por meio do estudo imparcial e da experimentação cuidadosa, Hippolyte Rivail, que assumiria o venerando pseudônimo de Allan Kardec, seria o compilador de conhecimentos espirituais que se acumulavam há séculos, passando de pai para filho, de geração a geração. Ele seria o primeiro homem a reuni-los em um *corpus* único, coerente e organizado.

Aquele era o ser de luz que traria aos homens a terceira onda do cristianismo, a codificação da religião do futuro, o manual de questionamentos e respostas, enviado pela espiritualidade, através do canal intuitivo de médiuns sérios e capazes, indicando aos homens verdades fundamentais sobre a Natureza, a vida após a morte, a reencarnação e o fenômeno preciso do carma, embasado na lei de causa e efeito, sempre justa e irrevogável. Era o arauto da esperança, da transformação interior, o demolidor dos dogmas e da divisão entre as diversas formas de fé. Era o símbolo da Nova Era, séculos antes de sua concreta explosão no seio da racionalidade humana, a partir da virada do segundo milênio.

Simples e cuidadoso como sempre, Valloise segurou o bebê com o mesmo carinho que dedicava a todos os seres. Jamais poderia imaginar o quanto era sagrado aquele momento. Suas mãos, de abençoado poder de cura, sustentavam um universo de sabedoria, uma síntese da evolução ali, na encarnação de um único homem. Mas, para Jean, tratava-se apenas de um belo menino, de olhos inocentes.

O espaço cintilava, tomado por cânticos de reverência e exaltação a Deus. Luminosidades coloridas assumiam a forma de flores e de estrelas.

O recém-nascido foi depositado nos braços de sua mãe, que, emocionada, cobria-o de beijos. O choro do bebê logo atraiu o pai do andar de baixo, e o juiz Jean-Baptiste adentrou o recinto, festejando a chegada do herdeiro adorado.

Estava consumada a segunda predição do espírito da mãe de Valloise: ele se envolvera no nascimento de um ser especial, um homem iluminado que mudaria os rumos da humanidade.

Sem o saber, Jean Valloise tinha realizado o feito mais importante de toda a sua existência: de simples ferreiro ignorante, tornara-se o médico respeitado que trouxera o grande Allan Kardec à luz do mundo.

capítulo 43

DESENLACE E REGRESSÃO

Caminhando pela senda do bem, espalhando caridosas atitudes à sua volta, semeando a justiça e a fraternidade, um homem encontra o prêmio da paz e da sabedoria, partindo deste mundo com uma grata sensação de dever cumprido.

Aos setenta e seis anos, querido por seus muitos amigos e auxiliares, o doutor Jean Valloise encontrou o caminho para o outro lado da vida, durante um desdobramento noturno. Ao tentar retornar ao corpo, pela manhã, não conseguiu conectar à carne seu perispírito livre. Deu-se conta de que morrera, sem contestação ou temor. Sua missão, naquela vida, estava terminada, e transparecia no bem que soubera distribuir em seu caminho.

Ao longo dos anos, Valloise realizara centenas de curas, muitas consideradas milagrosas pelos que desconheciam os mecanismos, naturais e invisíveis, do trabalho com as energias fluídicas.

Tal qual faria um filho prestimoso, acompanhara, anos antes, o envelhecimento e o desencarne de seu mestre Radamel, dando-lhe todo o apoio e conforto necessários em sua progressiva senilidade. A gratidão filial que nutria em relação ao mestre o acompanharia para sempre.

Ao filho Rénine, que se tornou um médico de alta competência, ensinou as técnicas científicas que conhecia, mas, acima de tudo, buscou transmitir seus valores e ideais, maior tesouro que um pai pode doar a um filho.

O trabalho que realizou no orfanato também frutificou: Luc, François e Gerard, que Jean nunca soube serem filhos de seu maior inimigo, receberam instrução e afeto, passando a vê-lo como um pai adotivo. Saídos da miserável fase de mendicância pelas ruas de Paris, progrediram e se tornaram proficientes marceneiros. Homens justos e honestos, abriram uma loja de móveis, enriqueceram e formaram famílias. Pelo resto de suas vidas, os três irmãos guardariam, com gratidão, a lembrança de seu benfeitor.

A tribo de ciganos mudara em definitivo seus conceitos e conduta, a partir do exemplo de generosidade desinteressada que Valloise lhes dera. Seguiram a vida como artistas circenses, alcançando grande sucesso em diversos países da Europa.

Valloise não teve a chance de vivenciar plenamente o grande amor que dedicara a Claire. Mas, apesar desta profunda dor, foi um difusor da fraternidade em todos os momentos de sua vida, vivenciando a máxima do Cristo de fazer o bem sem olhar a quem, amando ao próximo como a si mesmo.

Gustav Hermés e Celeste, que sempre permaneceram como amigos e admiradores do doutor Valloise, viajaram a Lyon para seu funeral. Sentiram imenso orgulho ao ver que aquele homem, de origem tão pobre, de juventude tão bruta, atraía, com sua morte, a visitação de centenas de pessoas: antigos pacientes, amigos, colegas e admiradores, todos querendo prestar as últimas homenagens àquele protetor dos órfãos e doentes, àquele médium inspirado, que se deixara guiar, ao longo da vida, pelos espíritos da mais pura luz.

Jean foi recepcionado, do outro lado da vida, por quatro espíritos amigos: sua mãe, Marie-Elise; seu pai, Sebastian Valloise; o mestre Pierre Radamel, e, claro, Helene Duchamp, a principal mentora e guardiã invisível, que lhe acompanhara durante toda a vida.

Após os abraços e beijos saudosos, banhados por alegres lágrimas de satisfação pelo reencontro, Jean perguntou por Claire, sedento por informações a seu respeito. Ficou sabendo que ela morrera muitos anos antes, de forte pneumonia, no convento suíço onde se isolara.

— Então ela também está aqui, na espiritualidade, por certo! — comemorou Jean. — Quando terei a chance de revê-la?

Helene pousou sua mão de luz sobre o ombro do amigo, com uma expressão mortificada.

— Tu a verás em breve, caro Jean, mas de novo no plano terrestre. Claire já reencarnou, há mais de uma década, em Portugal.

Jean ficou surpreso e decepcionado. Durante toda a sua maturidade e velhice, anelava o reencontro com a amada, após a morte. Por que ela não pudera esperá-lo? Por que tanta separação, imposta a um casal profundamente unido pelo afeto?

Helene prometeu que daria a Jean uma explicação convincente para tantos desencontros, assim que ele estivesse adaptado à vida como espírito e instalado em sua nova moradia.

Embora cause espanto, os espíritos também têm habitações, onde residem, com privacidade. Estabelecem-se em comunidades muito semelhantes às que encontramos na Terra, contando com hospitais, escolas, bibliotecas e todas as instituições necessárias para o conforto. São verdadeiras cidades, feitas de matéria sutil, condensadas pelo poder do pensamento.

Naquele mesmo dia, Valloise foi conduzido a uma colônia, nas proximidades da crosta terrestre, o mesmo local onde residiam seus pais. Passou a morar num elegante edifício, às margens de um lago de fluidos gasosos e brilhantes, muito semelhantes à água.

A colônia era um local aprazível, de temperatura amena, rodeada por parques e florestas de encantadora vegetação colorida.

Embora grato por habitar em local tão elegante e pacífico, tornando-se vizinho dos queridos progenitores, Jean seguia inconformado com sua sina de solidão.

Convidado a assumir um posto como médico em um hospital para desencarnados, Jean voltou a se ocupar e a servir seus semelhantes. Mas ansiava pela prometida visita de Helene, na qual poderia esclarecer suas dúvidas quanto ao romance com Claire.

Tal fato se deu em uma manhã primaveril, banhada por tépida brisa.

Helene chegou, trazendo um belíssimo buquê de flores astrais, dotadas de transcendente perfume. Jean agradeceu o presente e depositou-o em um vaso sobre a mesa. Sentia-se tomado por profunda ansiedade, pois sabia que chegara a hora de conhecer as verdades ocultas por trás de sua difícil vida amorosa.

Assim que se sentaram nas confortáveis poltronas da varanda, Jean fez a pergunta que o asfixiava:

— Por quê? Por que Deus insiste em me apartar de Claire?

— Não foi Deus quem assim o determinou, Valloise. Tu e ela é que escolheram tal afastamento, usando vosso livre-arbítrio. Agora sofrem, é certo, mas graças às próprias escolhas.

— Não compreendo. Sinto por ela um profundo amor, e sinto que ele é correspondido. Jamais escolheríamos passar a vida tão apartados. Tivemos um mísero ano de alegria e nada mais. Apenas um instante. Por que imporíamos tal tormento a nós mesmos?

— Não te esqueças, Valloise, de que a alma é eterna. Nesta vida, tu e Claire estavam certos de seu afeto. Lutaram tanto por estar juntos que o conseguiram, por um breve período. Mas, no passado, suas atitudes eram diversas, e a energia provocada por tais ações persegue-os até hoje.

— De que atitudes falas? Terei agora a graça de as relembrar?

— Se concordares em seguir comigo em uma viagem, terás acesso às revelações que procuras.

— Estou pronto para ir, quando quiseres.

— Pois então cerra os olhos, Valloise, e acompanha-me pelos secretos caminhos do tempo.

Ele compreendeu que a viagem de que Helene falava seria interior, como são todas as jornadas nos planos mais elevados da vida.

Cerrou os olhos e divisou, no espelho de sua alma, algo à semelhança de um túnel. Ao fundo dele, uma luz hipnótica e movediça girava, a espantosa velocidade. Tal luminosidade o atraía intensamente, e, abandonando o corpo perispiritual, mergulhou, apenas com seu etéreo corpo mental, em regressão a outras vidas.

Viu cenas difusas, correndo céleres diante de seus olhos: diversos momentos de sua vida na França, a infância pobre como Jean Valloise, o calor do útero materno... E, então, florestas, cenas de batalha, rostos conhecidos e desconhecidos, roupas exóticas, danças, multidões em pânico, cidades magníficas, tribos indígenas, ruelas estreitas e palácios. Uma profusão incrível de cenas de suas muitas vidas pregressas desabrochava dos recantos mais profundos de sua mente.

De repente, sentiu o carrossel vertiginoso de imagens estacionar em determinado ponto. Viu-se em um extenso campo de trigo, varrido pela força do vento. Helene estava a seu lado, segura e impassível diante do estupendo espetáculo.

— Onde estamos?

— Nos subúrbios de Roma, nos primeiros anos do século XIII.

— Em plena Idade Média — murmurou Jean, deslumbrado. Era incrível poder retornar centenas de anos e ter uma visão tão clara e concreta de tudo.

— Olha, Jean — disse Helene —, é tu quem vem pelo campo, ali adiante.

Valloise olhou na direção indicada e avistou um cavaleiro, elegantemente trajado à moda da época, cavalgando ligeiro sobre um majestoso corcel negro.

— Tu eras o arquiduque Teobaldo Damiano di Monfasani, um respeitado guerreiro e senhor de terras. Depois de anos engajado nas Cruzadas, as lutas que buscavam expandir o catolicismo, pela força, aos países pagãos, tu ganhaste o direito de se tornar senhor deste condado rural. Queres rever o local onde habitavas?

Bastou que Helene o dissesse e Valloise já se viu diante de um imponente castelo medieval, situado no cimo de um monte e rodeado por profundo fosso.

— Tu eras um homem poderoso, Valloise. Os camponeses das redondezas trabalhavam de sol a sol, sendo obrigados a doar-te uma terça parte de toda a sua produção.

— Parece-me profundamente injusto. Por que uma taxa tão alta?

— Era o costume da época. Em troca, dava-lhes proteção com teu exército.

— E Claire? Onde está ela? — perguntou Jean, aflito.

— Calma, chegaremos lá, meu caro amigo. Primeiro quero que vejas tua esposa. Ela está lá dentro, em seus aposentos, sendo servida por várias criadas. Entra para que possas observá-la.

A imagem do castelo aproximou-se das retinas de Jean, velozmente. Ultrapassando as paredes, ele focalizou com perfeição uma bela senhora que se vestia após o banho, auxiliada por uma trinca de amas.

— Reconheces a mulher, Valloise? Não te fixes no rosto, mas na energia de seu espírito.

Jean não titubeou:

— É Marianne!

— Exato. Já foste casado com ela nesta época. Seu nome então era Leonora. Agora repara na ama que lhe ajeita a barra do vestido.

Jean sentiu-se dominado por profunda emoção.

— É Claire! Posso sentir a doce emanação de seus sentimentos.

— Correto. Lá está Claire, então sua criada e de Leonora. Seu nome, nesta encarnação, era Antonella. Uma moça pobre e profundamente humilde, vinda dos campos de cultivo, filha de um rústico lavrador.

A verdade se desvendava aos olhos de Valloise, cada vez mais potente e clara.

— Sim, eu me lembro de tudo! — exclamou. — Não amava Leonora, mas a desposei por questões políticas. Estava interessado em uma aliança estratégica que ampliaria o meu poder.

— Tu a tomaste como companheira por interesse, sem afeto verdadeiro. Em breve, a deixarias para fugir com Antonella, tua verdadeira amada. Percebes que, na última encarnação, em Paris, Leonora, então na pele de Marianne, retribuiu tal atitude de forma semelhante, abandonando-te?

— Tudo se mostra cada vez mais claro. Casei-me com Leonora por mera ambição, mas era Antonella que eu queria a meu lado — rememorou Jean, com segurança.

— Ela te amava também, Valloise, com toda a força de sua alma.

— Propus que nos tornássemos amantes, mas ela não quis aceitar...

— Era uma moça honrada. Embora te adorasse, não se imaginava no papel de amásia. Desiludida de consumar o amor que te dedicava, Antonella estava decidida a aceitar a corte de Francesco, um homem de sua própria casta, um rústico criador de ovelhas que a cortejava há anos.

— Gustav Hermés! — concordou Jean, cada vez mais senhor de seu passado.

— Inconformado de perder Antonella para ele, tu decidiste usar de tuas prerrogativas como senhor feudal. Exigiu ao pai dela e ao noivo o direito à primeira noite com a donzela, após as núpcias. Uma lei da época assegurava-lhe tal imposição vergonhosa.

— Ficaram revoltados, bem me lembro. Principalmente Claire... Ou Antonella! Ela me enfrentou e lembrou-me de que era um ser humano, não uma mercadoria de que eu podia dispor como me aprouvesse. Afirmou que preferia a morte a ser desonrada por tão arrogante senhor. E me cuspiu ao rosto! Fiquei irado por um momento, pensei em puxar meu punhal e silenciar sua desobediência para sempre. Mas eu a amava de fato, e seu ato de coragem encheu-me o peito de vergonha. Caí a seus pés, a pedir-lhe perdão. Confessei que só concebera tal projeto infame por amor. Propus-lhe então um desatino. Eu largaria tudo: esposa, prestígio, títulos, poder. Deixaria toda minha vida de nobreza para trás, se ela concordasse em fugir comigo. Longe de Roma, começaríamos vida nova, livres de Leonora, de Francesco, de todo o nosso passado.

A emoção de Valloise traduzia-se em lágrimas, que mais pareciam pequenas estrelas a escorrer pelo rosto imaterial.

— Ela confessou que também me amava e aceitou o acordo de fuga. Seríamos marido e mulher, enfim. Haveríamos de ser felizes!

— Mas, infelizmente, não o foram... — ressaltou Helene, pesarosa.

capítulo 44

VENENO

A viagem astral pelo passado prosseguia, e Helene e Jean se viram materializados na praça central da antiga Verona, em pleno século XIII. Helene não precisou dizer mais nada. Em um segundo, toda a infame verdade sobre aquela encarnação se apresentou, clara e precisa, à consciência de Jean.

Fora ali, naquela cidade pequena e romântica, que Teobaldo Damiano di Monfasini e Antonella — aqueles que seriam Jean e Claire — estabeleceram-se para iniciar uma nova vida.

No início, tudo pareceu perfeito. Teobaldo empregou-se como adestrador de cavalos em uma fazenda, decidido a esquecer seu passado de nobreza, e Antonella cuidava das tarefas domésticas, com esmero e retidão. Viviam um cotidiano isento de luxo e ostentação, mas eram um casal dotado de franca e alegre cumplicidade.

Os problemas, porém, não tardaram a se apresentar. Teobaldo era extremamente vaidoso, um espírito ainda distante da depuração que alcançaria encarnações depois. Era um homem acostumado a tomar posse daquilo que desejasse, pouco se importando com os interesses alheios. Interessava-lhe a vitória, seja nas conquistas militares quanto nas amorosas. Galante e refinado, logo passou a eleger as moças mais belas das redondezas para integrarem seu rol de novidades afetivas.

Inicialmente, Antonella não percebia as infidelidades do companheiro. Mas em breve, intuitiva como todas as mulheres apaixonadas, ela começou a desenvolver uma incômoda desconfiança. Teobaldo deixava transparecer suas faltas em pequenos gestos e atitudes: um olhar enviesado ao andar pelas ruas, uma palavra de elogio excessivo a alguma dama da cidade, um sorriso a mais em momento inoportuno, pequenas indiscrições que um homem de coração fútil comete, certo de que a mulher, em sua inocência, não tem competência para o flagrar.

O tempo transformou a leve suspeita inicial em decepção e ressentimento. Antonella, de mulher carinhosa e doce, passou a ciumenta e arredia. O amargor da dúvida sobrepôs-se à doçura inicial da paixão.

Por conta da inconstância sentimental de Teobaldo, um grande amor começava a se deteriorar.

Em Roma, a soberba Leonora — nossa conhecida Marianne — amargava o ódio por ter sido abandonada. Seu orgulho ferido a torturava e, no fundo de sua alma, nasceu um incontrolável desejo de vingança.

Atraente e sedutora, a duquesa possuía uma fila de admiradores a seus pés. O mais afoito era um barão de meia-idade que habitava o condado vizinho. Viúvo e solitário, este homem se aproximou, cheio de gentilezas, insinuações e esperanças veladas, assim que soube do desaparecimento de Teobaldo.

Filipo di Girollamo era o seu nome — o mesmo espírito que se tornaria Terence du Leplage, séculos depois. Era um senhor de aparência polida, gestos delicados, mas com alma de chacal; um ser dotado de maldade e concupiscência dignas dos mais atrasados e selvagens habitantes deste orbe.

Girollamo desejava Leonora com tal paixão e intensidade, que concordaria com qualquer artimanha para possuí-la. Entregaria seu poder e riqueza por uma noite que fosse ao lado da dama. Claro que seu coração subiu às nuvens quando, certo dia, recebeu o convite para uma conferência íntima, no castelo dos Monfasini.

O assunto não podia ser mais interessante para o enfeitiçado viúvo: Leonora tinha interesse em unir seu poder e suas terras com as posses de outro nobre das redondezas, mas o casamento com o traidor Teobaldo a impedia. Se Filipo di Girollamo o encontrasse e desse cabo de sua vida, ela estaria livre para um novo consórcio e uma nova vida.

Compreendendo a oferta, Girollamo não hesitou. Colocou um verdadeiro exército no encalço do arquiduque foragido, contratou espiões, moveu mundos e fundos para ter sua cabeça entregue a seus pés. Com Teobaldo morto, conquistaria o maior prêmio de sua existência: seria senhor de todas aquelas terras e dono da estonteante Leonora.

Nos últimos tempos, Teobaldo estava envolvido com uma nova amante. Desta vez, uma senhora casada, parente do dono da fazenda onde era empregado.

As maledicências e fofocas corriam soltas pela cidade, e não demoraram a chegar aos ouvidos de Antonella.

Transtornada pelo ciúme, a moça sentia que todo seu amor transformara-se em ódio. Gostaria de se vingar de Teobaldo, mas não imaginava como o faria. Sua castidade e timidez impediam que se entregasse a outro homem, pagando o delito na mesma moeda. No entanto, algo era certo: Teobaldo não ficaria impune. Desrespeitara toda a sua dedicação e afeto, e merecia pagar.

O mais triste é que Teobaldo amava, de fato, Antonella. Se a traía continuamente, era porque se julgava neste direito, como homem jovem e atraente que era. Que deplorável esta ilusão, compartilhada por tantos espíritos, em todas as épocas: a de que as traições por mero desejo, os instantes de prazer sem amor, não podem ferir um sentimento verdadeiro, que no lar se resguarda.

Todas as ações têm suas conseqüências energéticas, porém. A fidelidade reforça a pureza do amor, a traição a conspurca.

Inconseqüente, Teobaldo afastava de si aquela que deveria ser seu porto seguro, sua segurança, sua maior aliada. E tudo em troca de momentos descartáveis nos braços de outras mulheres, que nada importavam para seu crescimento pessoal ou sua felicidade.

Um dos espiões de Filipo di Girollamo conseguiu um tento fundamental: subornando uma criada, que fora colega de Antonella, obteve a informação de que o casal evadido escolhera Verona como nova morada.

Após agraciá-la com uma boa soma em moedas de ouro, o sinistro barão partiu pessoalmente para a encantadora cidade das fontes de pedra.

Lá chegando, não foi difícil determinar onde moravam os dois exilados.

Durante dias e noites, pôs-se de tocaia, sondando vizinhos e observando o ritmo de vida e os movimentos de suas presas. Em breve, conhecia bem o momento conturbado que Teobaldo enfrentava em seu relacionamento com Antonella. Soube que ele se encontrava, às ocultas, com uma senhora casada, e que ela sofria amargamente por saber-se traída.

Concebendo um plano, Girollamo bateu à porta da casa do inimigo, em uma hora em que o sabia entretido com a amásia.

Antonella recebeu-o, com desconfiança:

— Meu marido não está. Que deseja o senhor?

— Desejo o mesmo que a senhora: reparação e justiça — disse ele, com seriedade. — Sou parente da mulher cuja honra teu marido tem aviltado.

Antonella sentiu a terra faltar-lhe sob os pés. Seu cérebro fervia de vergonha e de raiva.

— Entra, senhor. Conversaremos reservadamente.

O esperto Girollamo mentiu que era tio do esposo da senhora que se envolvera com Teobaldo. Afirmou que estava disposto a vingar o sobrinho traído e perguntou se podia contar com o apoio de Antonella.

— Queres minha cumplicidade para que prejudiques meu próprio marido? — perguntou ela, atônita.

— A senhora é tão prejudicada por esta situação quanto meu sobrinho. Minha proposta é que me facilites a ação, nada mais. Esconder-me-ei aqui dentro, e, quando teu marido chegar e tiver adormecido, agirei.

Apesar de todo o rancor, o amor falou mais alto do que o ciúme:

— Nunca! Jamais farás mal a Teobaldo com a minha conivência!

— É uma pena que penses assim. Se mudares de idéia, basta que me procures. Estou hospedado na estalagem que fica à entrada da cidade.

O sinistro Girollamo se foi e Antonella quedou assustada com suas próprias intenções e idéias. Estava furiosa com o marido, porém achava que matá-lo era algo além de suas forças.

O destino, contudo, já tinha agido. A visita de Girollamo à casa de Teobaldo foi vista por um vizinho e chegou aos ouvidos do maior interessado:

— Desde quando tua mulher recebe desconhecidos em casa, enquanto estás fora? — perguntou o falso amigo, ironicamente, durante uma noitada na taberna.

Teobaldo sentiu-se revoltado. Como todos os amantes infiéis, julgava-se o único a ter direito ao erro, não admitindo que o outro pudesse retribuir à altura.

Seu relacionamento com Antonella tornou-se ainda mais complicado, marcado pela desconfiança de parte a parte.

Para piorar, Antonella alertou o companheiro para que tomasse cuidado com inimigos ocultos, insinuando conhecer projetos contra sua vida. Teobaldo compreendeu o aviso como ameaça direta, e concluiu que a companheira andava tramando contra si, querendo liberdade para poder se entregar a outro.

Os dois brigaram feio naquela noite e, pela primeira vez, Teobaldo não dormiu em casa.

Dominada por lágrimas de despeito e ressentimento, Antonella voltou a pensar na mórbida proposta que o desconhecido lhe fizera, dias antes. Já não lhe parecia tão abjeta. Se não podia ter o amor de Teobaldo, preferia vê-lo morto.

Pela manhã, Antonella abriu a porta de entrada e se surpreendeu com uma encomenda que haviam deixado à soleira. Tratava-se de um pequeno pacote de couro, acompanhado de uma carta lacrada.

Lendo a missiva, ela compreendeu de imediato quem era o remetente. Filipo di Girollamo a incitava, mais uma vez, ao crime, com palavras incisivas:

Soube que teu marido preferiu passar a noite nos braços das mulheres de vida fácil a dividir contigo o leito. Tens sangue nas veias, cara Antonella, ou apenas água insípida? Coloco-te nas mãos o meio para que preserves tua dignidade e purifiques tua honra.

Segundo a carta explicava, dentro do pacote de couro havia um potente veneno, capaz de matar um homem em questão de minutos. A proposta de Girollamo era que a moça derrubasse um pouco da substância na bebida de Teobaldo. Um ato simples, rápido e limpo, que a livraria para sempre de suas injustiças e infidelidades.

Esperto, o barão pensava em se livrar do inimigo sem sujar as mãos, utilizando-se para isto da mágoa daquela humilde rapariga.

A noite chegou e Teobaldo foi ter com Antonella, decidido a uma reconciliação.

Ela não o recebeu bem, pois a informação de que tivera uma noite infame no bordel permanecia atravessada em sua garganta.

Mais uma vez, brigaram, e Teobaldo, que sempre se mostrara cortês e carinhoso, ousou agredi-la fisicamente. Acertou-lhe o rosto com um tapa que, se doeu na carne, muito mais fundo feriu a alma.

Cega de ressentimento, Antonella mudou sua conduta de maneira radical. Fez-se dócil e submissa, concordando com tudo que o companheiro dizia. Enganando-o com sua subserviência, foi até a cozinha e encheu duas taças de vinho. Na dele, derramou uma boa quantidade da substância perniciosa.

Certo de que colocara a mulher "em seu devido lugar", o orgulhoso e inconstante Teobaldo sorveu um gole do preparado mortal, iludido de que se tratava de um brinde de reconciliação.

O gosto pútrido alertou-o e afastou a taça, com desagrado.

— O que tem este vinho? Estava bom até outro dia e, agora, estragou-se.

A aparência assustada e trêmula de Antonella alertou-o, instantaneamente, para a verdade:

— Que foi que deitaste em minha bebida? — questionou, aflito.

Como ela não respondesse, Teobaldo invadiu a cozinha. O mal-estar do veneno começava a traduzir-se em fortes dores abdominais.

— Tu me envenenaste, maldita? — berrou ele.

Ela, que o seguia de perto, não pôde negar:

— Não mais do que envenenaste a minha alma!

Transtornado, Teobaldo pôs-se a quebrar pratos e taças, revirou cestos e gamelas, até encontrar o saco de couro que escondia o pó fatal.

— Quem foi que te forneceu esta droga? Teu amante?

Antonella nada dizia, em choque, apavorada com seu próprio ato.

Teobaldo tinha sorvido pouco veneno. Talvez suportasse os efeitos do preparado e vivesse. Mas sua fúria precipitou a tragédia. Puxando a espada, trespassou cruelmente o peito da mulher que, um dia, tanto amara.

Após vê-la tombada a seus pés, transtornou-se, possuído pelo remorso e desespero. Virou mais veneno em uma taça, completou-a com vinho e bebeu, resoluto, completando o serviço da primeira dose.

Morreram os dois, no chão da cozinha, revoltados um com o outro. Os corpos quedaram lado a lado, quase abraçados, no entanto a proximidade era apenas física. A ligação espiritual que havia entre eles estava partida.

capítulo 45

MUITAS VIDAS, UM AMOR

Quando deu por si, Jean Valloise estava de volta à varanda de sua casa, na colônia espiritual, confortavelmente sentado na poltrona ao lado de Helene. Diante deles, o lago plácido, de gazes cintilantes, refletia uma esplendorosa lua cheia.

Jean não tinha noção de quanto tempo se passara, em sentido cronológico, mas compreendia que seu mergulho ao passado abarcara centenas de anos.

A emoção diante da revelação de encarnações pregressas é sempre intensa, e o abalo que Valloise sentira em face das próprias atitudes, como Teobaldo Damiano di Monfasini, era evidente.

— Como pude chegar a ponto de matá-la? Como pude cometer tamanha insanidade?

A comoção dominou-o totalmente, e caiu em prantos.

— Acalma-te, amigo — aconselhou Helene. — O homem que perpetrou a morte de Antonella e que, depois, atentou contra a própria vida já não existe mais. Outras encarnações e experiências trouxeram-te esclarecimento, crescimento e luz. Já não és mais o espírito que então foste. A abençoada lei da evolução curou-te de teu atraso, trouxe-te novos sentimentos e valores. E o mesmo ocorreu com Antonella.

— Tens razão — convenceu-se ele. — Claire jamais seria capaz de atentar contra a vida de alguém.

— Veja que se trata do mesmo espírito — explicou Helene —, mas em outro estágio de sua evolução moral.

— Agora compreendo melhor a importância do esquecimento, a cada nova encarnação. Seria difícil demais progredir se continuássemos conscientes dos erros antigos. A culpa nos paralisaria.

— Disseste muito bem. A generosidade divina nos permite recomeçar do zero, a cada retorno à vida. Mas é claro que continuamos influenciados por tendências e energias do passado. Estas atuam de forma quase física sobre as nossas vidas, impulsionadas pela lei natural de causa e efeito. Perceba que sentimentos como ódio e amor são forças que produzem resultados concretos.

— Eu compreendo. Não foi Deus, mas a nossa própria violência que nos separou.

— Estás correto. O livre-arbítrio coloca em nossas mãos as rédeas da existência, mas a direção que escolhemos pode nos levar aos locais mais aprazíveis ou aos mais assustadores. Teu orgulho e promiscuidade como Teobaldo, teu desprezo pelos anseios de Antonella, e mesmo pelos teus próprios sentimentos, levaram-te à senda equivocada da traição, do ciúme, da revolta e do crime. Tu e ela desperdiçaram a pureza do sentimento que dividiam, atestando aos céus o desejo de se afastarem. Ela tentou matar-te, tu a mataste. A energia destes atos odiosos fundou ramificações concretas, efeitos coerentes e de difícil reversão. A ordem natural da existência seguiu adiante: aceitou a força de vossas escolhas, acatou vossos desejos e impulsionou vossos espíritos para direções diversas, apartando-vos.

— Perdemos o contato durante muitas vidas?

— Foram três encarnações sem nenhum vínculo. Apenas a silenciosa sensação de uma saudade incurável, de um remorso torturante.

— Aposto que, nestas vidas, fomos muito infelizes no amor.

— De fato. Foram vidas importantíssimas para o vosso adiantamento intelectual e moral. Nelas surgiram, por exemplo, teus dons de cura. E Claire foi se revelando a doce criatura que agora é. Mas vossas vidas amorosas foram amargas e vazias. Tiveram apenas romances ligeiros, amores fúteis, decepções e perdas. Porque, no fundo, desejavam a chance de estar juntos de novo.

— Oportunidade que só tivemos agora, na França?

— Exatamente. A força do arrependimento e do amor começou, aos poucos, a solapar a energia do crime que cometeram. E, séculos após a tragédia, tu e ela conseguiram, enfim, o direito de um reencontro como casal. Vossa convivência foi curta, é verdade. O carma causado pelos erros pretéritos impediu que compartilhassem o afeto um do outro por mais tempo. Mas, sem dúvida, foi um passo fundamental para uma total reconciliação.

— É tudo que quero! — exclamou Valloise. — Eu a amo! E sei que ela também me quer, com igual intensidade. De minha parte, o passado está perdoado e encerrado. As vidas que vivemos depois nos transformaram e amadureceram. E esta última encarnação na França foi suficiente para provar que merecemos uma nova união, apesar do antigo erro, não te parece?

— Concordo que merecem tal chance, Valloise... E a terão.

Jean reencarnou desta vez em Lisboa, no tradicional bairro de Alcântara, em 1883. Recebeu o nome Lúcio. Era o terceiro filho de um severo capitão de exército, chamado Gouveia.

Extremamente religioso, Gouveia sonhava com o orgulho de ter um filho padre, e, desde a infância, Lúcio foi incentivado a seguir a carreira eclesiástica. Aos quinze anos, foi matriculado no seminário.

O jovem respeitava os ditames paternos calado, mas não se sentia feliz. Apaixonado que era pelas ciências, gostaria de se tornar um médico. Quanto à fé, era bem desenvolvida em seu íntimo, por propensão natural, mas ele simpatizava mais com o espiritismo do que com o catolicismo. Não ousava confessá-lo ao pai, porém. Gouveia via os espíritas com declarado preconceito e forçava toda a família a seguir o seu próprio credo.

Lúcio buscava se conformar com seu destino no seio da Igreja católica, embora algo lhe dissesse que ainda não estava preparado para o sacerdócio.

Apesar de seu comportamento quase ditatorial, o capitão Gouveia não era má pessoa. Apenas um homem de temperamento firme e grande apego à família. Prezava, acima de tudo, a obediência dos filhos e o recato da esposa, uma talentosa pianista, chamada Eulália.

Este comportamento impositivo do velho capitão tinha raízes em outras vidas, pois ele era a reencarnação de Rénine, o sofrido filho de Jean Valloise. Em seu inconsciente, restavam ecos da infância solitária e sombria que tivera na França, o descaso da mãe, os maus-tratos de Terence e a ausência do verdadeiro pai por vários anos. Para superar o trauma, aquele espírito agora impunha a si mesmo um comportamento oposto: tornara a família seu mais caro valor, seu porto seguro, sua razão de existência. Fora assim que se tornara um pai enérgico, dominador, decidido a organizar e encaminhar a vida dos filhos do modo que lhe parecia mais seguro: o seu próprio modo.

O destino reservava, porém, uma surpresa para o severo capitão.

Quando completou vinte anos, faltando poucos meses para ser ordenado padre, Lúcio fez uma visita à casa da família, para os festejos do aniversário de seu irmão mais velho, Miguel. Este irmão era o amigo mais querido que Lúcio possuía na Terra. Um antigo laço os unia, pois tratava-se do espírito renascido de Gustav Hermés, dotado da mesma simpatia e alegria de viver que o caracterizavam em vidas passadas.

O cativante Miguel tinha a ventura de namorar a bela Leandra, a reencarnação de Celeste, novamente unida a seu grande amor. Em breve, estariam casados.

Lúcio gostaria de ser feliz como o irmão no campo sentimental, mas tudo indicava que a vida o elegera para ser um solitário. Um pouco devido ao futuro de celibato que lhe fora imposto, um pouco pela timidez, Lúcio permanecia ignorante dos encantos do belo sexo. Embora fosse atraente e viril, jamais dera um beijo que fosse em uma mulher.

Durante a comemoração do aniversário de Miguel, as portas do passado se escancararam diante de Lúcio.

Uma das convidadas da festa era uma nova vizinha de rua, dona Estela Fernandes. Ela tinha quarenta e cinco anos, cabelos negros e brilhantes, e surpreendentes olhos azuis. Retraída e pálida, porém indiscutivelmente bela, dona Estela era o que se costumava chamar "uma solteirona". Tivera seus namoros e flertes na juventude, sem jamais encontrar o verdadeiro afeto. Entre se casar sem paixão ou permanecer sozinha, Estela optara pela solidão. Vivia da herança dos pais, já falecidos, e dava aulas particulares... de latim.

Sim, era Claire Radamel que, reencarnada vinte e cinco anos antes de Jean, agora se apresentava no corpo de Estela Fernandes.

Apesar da marcante diferença de idade, a paixão entre o jovem seminarista e a madura professora de latim foi instantânea e assustadora, para ambas as partes.

Cada um a seu modo, ambos tentaram fugir ao chamado irresistível da afeição, o que logo se mostrou impossível. Antes do final das férias, já se encontravam regularmente, às escondidas, inebriados pela intensidade da emoção que os unia.

Lúcio estava irremediavelmente apaixonado. Estela lhe desvendara os segredos do desejo, mas, acima de tudo, inaugurara em seu peito o verdadeiro e puro sentimento do amor.

Ela, vivida e respeitável, lutava para se equilibrar entre o medo e a alegria de estar junto a Lúcio. Apesar de ele não passar de um garoto, ela não tinha dúvidas de que ali estava o homem que a faria plena, como pessoa e como mulher.

Com o final do período de férias, ela temeu que estivesse encerrada a "aventura": Lúcio voltaria ao seu seminário, ordenar-se-ia padre, e ela voltaria às suas pacatas aulas de latim. Contudo a atitude de Lúcio foi corajosa e surpreendente. Apesar de provocar grande desgosto em seu pai, ele abandonou o projeto de trajar a batina, empregou-se em uma alfaiataria e pediu Estela Fernandes em casamento.

Foi um escândalo de grandes proporções. Alcântara inteira comentava, maledicente, a união do jovem seminarista com a "velha".

O capitão Gouveia ficou indignado. Jurou que jamais voltaria a falar com o filho ingrato. Apesar dos apelos da esposa, renegou-o.

Mas nada disso enfraqueceu a beleza daquele reencontro: Teobaldo e Antonella, Jean Valloise e Claire, Lúcio e Estela... ali estava o mesmo casal que seguia lutando, ao longo de muitas vidas, por seu profundo amor.

O casamento de Lúcio e Estela foi desbragadamente feliz. Mas, desafortunadamente, durou pouco. As pesadas energias do passado talvez permanecessem influenciando aquela união. Ou, quem sabe, era uma última provação do destino a testar-lhes a firmeza de sentimentos, antes do prêmio da felicidade final.

O fato é que, após cinco anos de convivência apaixonada, Estela morreu, acometida por uma infecção, diagnosticada como tifo.

Para o jovem Lúcio, ainda com vinte e cinco anos, a morte da amada foi um golpe duríssimo. Parecia-lhe que a vida perdera toda a cor e a razão. A mórbida idéia do suicídio visitou-lhe a mente, com insistência, durante meses.

O irmão Miguel foi de grande valia neste momento difícil. Deu apoio e força ao caçula, promoveu a reaproximação de Lúcio com o pai, fez de tudo para reerguê-lo e reacender, em seu peito, a esperança.

Lúcio, sozinho e magoado, lutava para descobrir o que deveria fazer com sua vida dali para frente. Decidiu que começaria a se dedicar à felicidade do próximo, já que a sua se perdera para sempre, após a morte de Estela. Nasceu-lhe, no peito, o ideal de ser útil a seus semelhantes. E acabou por fazer o gosto de seu velho pai: com seis anos de atraso, ordenou-se padre jesuíta.

O padre Lúcio de Alcântara, como ficou conhecido nos círculos católicos, dedicou o resto de sua vida a cuidar de órfãos e doentes, sem nem imaginar que tivera idêntica missão na última existência terrena, quando vivera na França.

Seus intensos dons mediúnicos, de cura, vidência e desdobramento, foram sendo redescobertos com o tempo, logo se tornando integrados a seu dia-a-dia. Ao abençoar os necessitados que vinham em seu auxílio, o padre Lúcio realizava verdadeiros passes curativos. Eles continham intensa carga energética e eram acompanhados da mais amorosa das intenções. Muitas curas surpreendentes começaram a ser atribuídas a sua intervenção abençoada.

A fama de curador, que logo se expandiu por toda Lisboa, não agradou a seus superiores na hierarquia católica. Consideravam Lúcio um mistificador, que se aproveitava da credulidade do povo humilde para se sobressair.

Sem querer criar conflitos ou polêmicas, Lúcio abraçou um serviço missionário na África. Lá permaneceu até o último dia de sua longa vida, cuidando de crianças carentes, doentes e famintos.

Entre as dezenas de órfãos criados pessoalmente pelo padre Lúcio, dois lhe eram especialmente afeiçoados. Essas crianças eram ninguém menos que Marianne e Terence, reencarnados na mais profunda miséria, em nova oportunidade de resolver suas diferenças com o antigo inimigo. Neste reencontro, finalmente passaram a reconhecer-lhe os méritos. Depois de muitas vidas, aprenderam a amá-lo, com sinceridade e gratidão.

No final da vida de Lúcio, quando ele se tornou frágil e dependente, devido à senilidade, foram estes dois antigos inimigos que o ampararam, dando conforto e dignidade à etapa final de sua jornada. Realizou-se desta forma um acalentado resgate do passado: a traição, o ódio e a disputa tornavam-se, agora, por obra e graça de Deus, gratidão filial, doação e carinho sincero.

Aos noventa e seis anos, o padre Lúcio partiu deste mundo, deixando para a posteridade uma biografia de realizações caridosas e uma mensagem perene de amor ao próximo.

Desta vez, aquela que já fora Antonella, Claire e, finalmente, Estela recebeu a graça de poder esperar seu amado Lúcio na espiritualidade. Foi ela quem o recebeu, no momento de sua passagem.

Os abraços e beijos que trocaram nesta hora fariam chorar o mais embrutecido dos homens.

No instante em que são escritas estas linhas, eles estão juntos no mundo invisível, vivendo toda a intensidade do seu amor, enfim livres de medos ou impedimentos.

Faz pouco tempo que os dois receberam, com enorme alegria, a autorização para reencarnar juntos, com uma diferença de apenas dois anos. Nascerão desta vez no Brasil, em uma pequena cidade do interior de São Paulo. Planejam casar cedo e ter muitos filhos. Ele deseja ser médico; ela, professora.

Agora ambos compreendem que, diante da Eternidade, nunca houve uma real separação. Muitas vidas viveram e ainda viverão, neste e em outros mundos. Mas seu amor, por ser verdadeiro, é único e invencível. Só o amor permanece idêntico, diante de todas as dificuldades, vitórias e mudanças que ocorrem na jornada de um espírito, em sua evolução. Ele é a razão e o objetivo de toda existência, é o fundamento da realidade, a luz na escuridão. Nele reside o sentido da vida. E assim será para todo o sempre.

Leia os romances de Schellida!
Emoção e ensinamento em cada página!
Psicografia de Eliana Machado Coelho

Um Diário no Tempo
A ditadura militar não manchou apenas a História do Brasil. Ela interferiu no destino de corações apaixonados.

Despertar para a Vida
Um acidente acontece e Márcia, uma moça bonita, inteligente e decidida, passa a ser envolvida pelo espírito Jonas, um desafeto que inicia um processo de obsessão contra ela.

O Direito de Ser Feliz
Fernando e Regina apaixonam-se. Ele, de família rica, bem posicionada. Ela, de classe média, jovem sensível e espírita. Mas o destino começa a pregar suas peças...

Sem Regras para Amar
Gilda é uma mulher rica, casada com o empresário Adalberto. Arrogante, prepotente e orgulhosa, sempre consegue o que quer graças ao poder de sua posição social. Mas a vida dá muitas voltas.

Um Motivo para Viver
O drama de Raquel começa aos nove anos, quando então passou a sofrer os assédios de Ladislau, um homem sem escrúpulos, mas dissimulado e gozando de boa reputação na cidade.

UFO – Fenômeno de Contato
(espírito Yehoshua ben Nun)

Livro que aborda temas intrigantes como antimatéria, abduções, teletransporte, faixas dimensionais e a polêmica dos mundos habitados.

A evolução da Humanidade ao seu alcance com as obras de Pedro de Campos

Universo Profundo – Seres inteligentes e luzes no céu (espírito Erasto)

Uma visão espírita da Ufologia que desmistifica esse polêmico assunto. Existem os seres extraterrestres? De onde eles vêm? Eles estão entre nós?

Colônia Capella – A outra face de Adão
(espírito Yehoshua ben Nun)

Uma extraordinaria viagem no tempo até os primórdios da Humanidade que une o evolucionismo proposto por Charles Darwin e a Teoria Evolucionista Espiritual baseada em Allan Kardec.

Um romance imperdível!
Obra do espírito Caio Fábio Quinto
Psicografia de Christina Nunes

SOB O PODER DA ÁGUIA
Uma viagem até a Roma Antiga na qual o general Sálvio Adriano viverá um grande drama em sua vida ao lado de Helatz, sua prisioneira, e o irmão dela, Barriot.

Romances do espírito Eugene!
Leituras envolventes com
psicografia de Tanya Oliveira

LONGE DOS CORAÇÕES FERIDOS
Em 1948, dois militares americanos da Força Aérea vão viver emoções conflitantes entre o amor e a guerra ao lado da jornalista Laurie Stevenson.

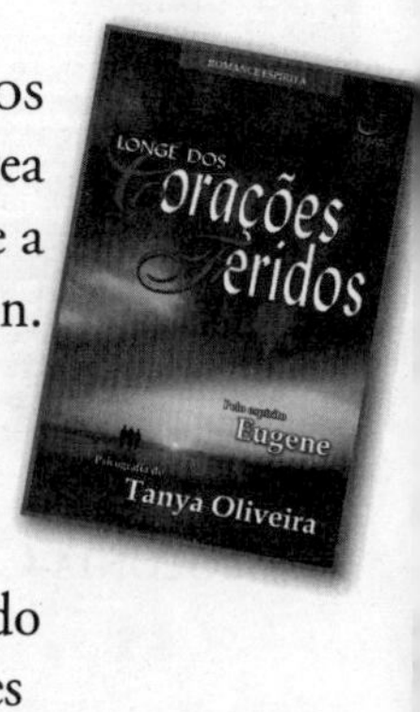

O DESPERTAR DAS ILUSÕES
A Revolução Francesa batia às portas do Palácio de Versalhes. Mas dois corações apaixonados queriam viver um grande amor.

Obras da médium Vera Lúcia Marinzeck de Carvalho

Rosana, a Terceira Vítima Fatal

Suspense, morte e o reencontro, na espiritualidade, de Rosana e Rafael, dois personagens vítimas da violência.

160 páginas | 14 x 21 cm | ISBN 85-86474-12-6 | Código de Barras 9788586474125

Amai os Inimigos

O empresário Noel é traído pela esposa. Esse triângulo amoroso irá reproduzir cenas do passado. Após seu desencarne ainda jovem, Noel vive um novo cotidiano na espiritualidade e se surpreende ao descobrir quem era o amor de sua ex-esposa na Terra.

144 páginas | 14 x 21 cm | ISBN 85-86474-48-7 | Código de Barras 9788586474484

Escravo Bernardino

Romance que retrata o período da escravidão no Brasil e apresenta o iluminado escravo Bernardino e seus esclarecimentos.

152 páginas | 14 x 21 cm

ISBN 85-86474-13-4 | Código de Barras 9788586474132

Véu do Passado

Kim, o "menino das adivinhações", possui intensa vidência desde pequeno e vê a cena da sua própria morte.

184 páginas | 14 x 21 cm

ISBN 85-86474-01-0 | Código de Barras 9788586474019

O Rochedo dos Amantes

Um estranha história de amor acontece no litoral brasileiro num lugar de nome singular: Rochedo dos Amantes.

144 páginas | 14 x 21 cm

ISBN 85-86474-14-2 | Código de Barras 9788586474149

espírito Rosângela (infantil)

O Pedacinho do Céu Azul

História da menina cega Líliam cujo maior sonho era ver o céu azul.

32 páginas | 21 x 28 cm

ISBN 85-86474-20-7 | Código de Barras 9788586474200

espíritos Guilherme, Leonor e José

Em Missão de Socorro

Histórias de diversos resgates realizados no Umbral por abnegados trabalhadores do bem.

176 páginas | 14 x 21 cm | ISBN 85-86474-37-1 | Código de Barras 9788586474378